KB193364

영적 순례자들을 위한 40일 묵상

기도하며 함께 걷는
광야의 길

Forty day Meditations for Spiritual Pilgrims

도서출판사 TOBIA

강신덕 목사는
서울신학대학교와 캐나다 밴쿠버 리젠트 칼리지에서 기독교교육과 제자훈련
을 공부하고 기독교대한성결교회 총회 교육국에서 오랫동안 성서 교재 만드
는 일에 헌신했다. 현재는 샬롬교회 책임목사로 사역하고 있으며, 토비아선교
회에서 순례를 기획하고 '예수의 길'과 '바울의 길' 등 순례를 진행하고 있으며
다양한 주제로 말씀 아카데미를 운영하고 성서 관련 기독교 신앙 콘텐츠로 선
교에도 헌신하고 있다. 『예수의 길』, 『바울의 길』, 『갈릴리의 길』, 『이방의 길』
등 순례자를 위한 묵상집들이 있고, 『성경여행』, 『이 사람을 보라』, 『라헬의 눈
물』, 『남도순례』 등 여러 저서가 있으며, 『내향적인 그리스도인을 위한 교회
사용 설명서』(IVP)를 번역했다.

영적 순례자들을 위한 40일 묵상

기도하며 함께 걷는 광야의 길

Forty day Meditations for Spiritual Pilgrims

1판1쇄 2023년 2월 9일

저자_강신덕
편집_오인표
디자인_오인표
펴낸이_강신덕
펴낸곳_도서출판 토비아
등록_107-28-69342
주소_03383) 서울특별시 은평구 은평로 21길31-12, 4층
　　　T 02-738-2082 F 02-738-2083
인쇄_삼영인쇄사 02-2273-3521

ISBN: 979-11-91729-15-3　　03230

영적 순례자들을 위한 40일 묵상

기도하며 함께 걷는
광야의 길

Forty day Meditations for Spiritual Pilgrims

도서출판사 TOBIA

"광야의 길" 묵상집은
순례하는 마음으로 믿음의 길을 가는 여러분을 위해 만들었습니다.

1. 일상을 살아가는 순례자로 말씀 묵상을 원하시는 분들에게 40일간의 묵상을 권합니다.
2. 국내외 성지순례를 계획하신다면 이 묵상집과 함께 순례의 길을 떠나시기 바랍니다.
3. 사순절과 고난주간 그리고 부활절을 묵상하며 지키는 자료로 활용하실 수 있습니다.
4. 새벽기도와 같은 공동체의 의미 있는 기도와 말씀 나눔에 활용하셔도 좋습니다.

토비아선교회 유튜브채널

토비아선교회는 '토비아유튜브채널'을 통해 다양한 신앙 콘텐츠를 제작하여 업로드하고 있습니다. 아래 QR코드를 스마트폰 카메라로 스캔하시면 토비아유튜브채널에서 제공하는 다양한 영상콘텐츠를 시청할 수 있습니다.

랜선순례콘텐츠(시즌1 예수의 길, 시즌2 바울의 길 편)는 토비아선교회가 제작하여 유튜브채널을 통해 공개한 영상 성지순례입니다. 예수님께서 사역하신 역사와 지리, 그 현장의 이야기와 깊은 묵상의 주제를 함께 나눕니다.

토비아선교회
유튜브채널

토비아선교회
랜선순례콘텐츠

Prologue

떠나는 길

하나님을 만나는 길

형제 자매와 함께 가는 길

온전함을 향한 길

Epilogue

Forty day Meditations for Spiritual Pilgrims

Prologue

사막의 교부들과 함께 묵상하기

광야로 성경읽기

광야는 거주하기도 걷기도 어려운 곳입니다. 그래서 많은 저자들이 '광야'라는 주제로 글을 쓰게 되면, 인생의 어려운 시절, 어려운 경험을 '광야 같다'라고 말하며, 그 시절을 극복하는 것에 관한 이야기로 그들의 책을 채웁니다. 실제로 광야는 어려운 곳입니다. 그곳은 척박합니다. 그곳은 생명체가 생존하기 어려운 곳입니다. 절대적으로 물이 부족한 관계로 식물이 자랄 수 없습니다. 식물이 없으니 동물이 기대어 살기가 쉽지 않습니다. 당연히 사람이 거주하기에도 부적합한 곳입니다. 그래서 광야에는 사람이 없습니다. 사람이 있어도 거기 사는 사람을 찾기는 쉽지 않습니다. 이렇다 보니 문명과 도시와 그리고 가끔 그곳을 들리는 관광객과 하이커들에게 광야는 그저 체험하고, 넘어서고, 그리고 정복하여 끝내는 개간해야 하는 대상입니다.

그러나, 성경은 광야에 대해 색다른 관점을 제안합니다. 성경은 기본적으로 광야를 영적인 곳으로 생각합니다. 성경은 광야가 하나님의 '말씀'이 있는 곳, 하나님의 말씀을 듣는 곳이라고 보고 있습니다.

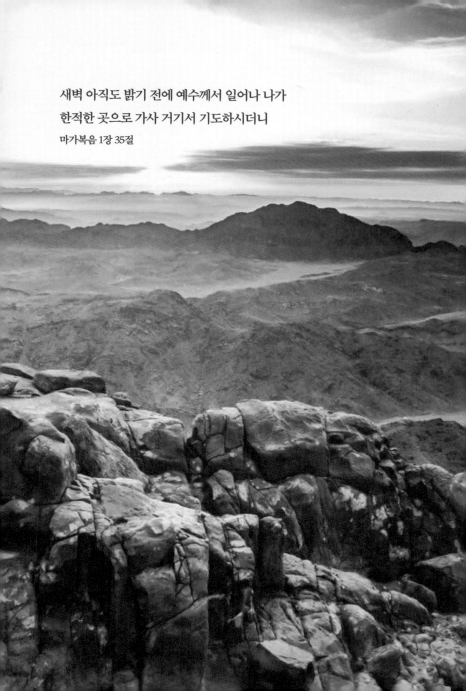

새벽 아직도 밝기 전에 예수께서 일어나 나가
한적한 곳으로 가사 거기서 기도하시더니
마가복음 1장 35절

광야라는 말의 히브리어는 '미드바르'_midbar_입니다. 그런데 '미드바르'
는 '다바르'_dabar_ 즉, '말' 혹은 '말씀'으로부터 만들어진 단어입니다. 말
하자면 광야는 말씀이 있는 곳이라는 뜻입니다. 성경은 광야가 사람
의 말은 사라지고 하나님의 말씀이 들리는 곳이라고 봅니다. 모세가
그랬습니다. 출애굽기 3장에서 그는 시내산 광야로 들어가서 거기서
떨기나무 가운데 말씀하시는 하나님의 음성을 듣습니다. 거기에는
모세 자신과 하나님 외에 다른 목소리는 없었습니다. 엘리야 역시 마
찬가지입니다. 열왕기상 19장에서 엘리야는 호렙산 광야로 갔고 거
기서 말씀하시는 하나님을 만났습니다. 호렙산에서도 역시 사람의
목소리 특히 아합과 이세벨과 거짓 선지자들의 목소리는 들리지 않
았습니다. 그곳에는 오직 하나님의 목소리와 그리고 엘리야의 숨소
리만 들렸습니다.

　이런 식으로 '광야'와 '말씀'을 연결 짓는 것은 신약성경에서도 찾
을 수 있습니다. 신약성경은 예수님께서 기도하시기 위해 가셨던
곳을 '한적한 곳'a secluded place으로 표현합니다.막 1:35, 6:32, 눅 4:42, 5:16 그런
데 그 '한적한 곳'의 헬라어 표현이 '에레모스'_eremos_이고, 에레모스의
히브리어 번역은 다시 '미드바르', 즉 광야가 됩니다. 예수님의 '한적
한 곳'은 예수님의 '광야'가 되는 것입니다. 예수님께서는 당신의 사
역지 인근 사람이 없는 한적한 곳, 즉 당신만의 '광야'로 가신 것입니
다. 하나님께서는 예수님만의 광야에서 예수님을 만나셨고 예수님께
서 하나님의 말씀과 뜻 가운데 굳건하게 설 수 있도록 힘을 주셨습니
다. 예수님뿐이 아닙니다. 신약 성경의 여러 사람이 이 한적한 곳, 즉
광야에서 하나님을 만나고 그들을 세우시며 온전한 사람으로 서도록
섭리하시는 하나님의 인도를 경험했습니다. 바울의 아라비아 광야갈
1:17나 드로아에서 앗소로 이어지는 길행 20:13-14은 하나님의 말씀을 듣

기 위한 그만의 광야였을 것입니다.

하나님 편에서 광야는 당신의 사람들을 말씀으로 온전하게 하시는 곳이었습니다. 그래서 하나님께서는 당신의 사람들을 광야로 이끄시기를 즐겨 하셨습니다. 당장 예수님께서는 세례받으신 뒤 성령으로 충만하여 광야로 "내몰렸습니다."막 1:12 예수님은 거기서 금식하는 가운데 시험받으시며, 하나님의 말씀을 듣고 하나님과 대화하며, 당신의 사역을 준비하고 정리했습니다. 광야는 하나님께서 당신의 사람들을 새롭게하시고 굳건하게 하시며 온전하게 하시는 곳입니다. 그래서 톰 라이트N.T.Wright는 자기 순례 경험을 담은 책, 『내 주님 가신 길』The Way of the Lord, 살림에서 "진정으로 성령에 충만하다면, 당신은 광야로 내몰릴 것을 기대해야 한다."라고 말했습니다.31페이지 그렇게 아브라함도, 이삭도, 야곱도 그리고 요셉과 많은 신앙의 선진들이 하나님의 인도를 따라 광야로 나아갔습니다. 광야로 '내몰리는' 일은 사실 이스라엘 민족 전체가 경험한 것이기도 합니다. 출애굽기에 의하면 이스라엘 자손은 애굽을 떠날 때 하나님의 인도를 따라 빠른 해안길이 아닌 돌아가는 홍해 광야길을 통해 가나안으로 갔습니다.출 13:18 거기 광야길에서 그들은 하나님을 만나고 경험하는 가운데 하나님의 백성으로 거듭났습니다.

하나님의 백성은 결국 광야에서 하나님의 말씀과 뜻 가운데 있게 됩니다. 그리고 하나님의 말씀을 따라 새롭게 되고 온전하게 됩니다. 우리는 성경 다양한 곳에서 광야 하나님의 말씀을 듣고 배우는 하나님의 사람들을 만날 수 있습니다. 아브라함과 족장들은 그들을 세속 정신으로 옭아매는 갈대아 우르, 하란, 밧단아람, 소돔과 고모라 등에서 벗어나 하나님과 동행하는 그들의 광야에서 제단을 쌓고 하나님을 예배하는 삶을 이었습니다. 이스라엘 자손 역시 마찬가지입니다.

네가 온전하고자 할진대 가서 네 소유를 팔아 가난한 자들
에게 주라 그리하면 하늘에서 보화가 네게 있으리라 그리고
와서 나를 따르라

마태복음 19장 21절

그들은 애굽의 지극한 현실을 빠져나와 하나님을 만나고 예배하는 가운데 하나님의 말씀을 듣는 광야로 길을 나섰습니다. 이들에게 광야는 척박한 곳, 사람 살기 어렵고 시험과 환란이 있는 곳이 아니라 사람과 세상의 소리로부터 멀어지고 하나님과 교제하며 하나님의 말씀 가운데 거할 수 있는 곳이었습니다. 이런 일은 세례요한에게도 나타납니다. 그는 당대 이스라엘 백성을 그가 있는 광야로 불러냈습니다. 그리고 거기 요단강에서 세례받고 광야길로 나아가도록 했습니다. 그가 제안하는 광야길은 메시아 예수 그리스도께서 나아가실 새로운 하나님 백성의 길, 새 예루살렘으로 표현되는 하나님 나라를 향한 길이었습니다.

성경을 광야로 읽는 일에서 무엇보다 중요한 것은 '방향'입니다. 하나님의 백성이 부름받아 나서는 길은 방향이 정해져 있습니다. 그것은 죄와 악, 쾌락과 자기중심의 이기심이 가득한 세속의 도시로부터 사람과 사람의 소리가 없는 곳, 오직 하나님의 구원과 은혜, 말씀과 섭리가 있는 곳, 광야로 향하는 것입니다. 도시로부터 들판으로, 휘어잡으려는 것에서 내려놓음으로, 분요함으로부터 고요함으로, 세상을 섬기는 일에서 하나님을 섬기는 일로, 나(우리) 중심에서 하나님 중심으로 방향을 틀어 나아간 길, 그것이 바로 성경이 말하는 광야를 향한 길입니다. 노아와 아브라함, 족장들, 이스라엘 자손, 그리고 선지자들의 영적 지향성, 세례요한과 예수님이 사역했던 방향, 제자들과 사도들의 선교적 방향 모두가 세속의 소란한 중심으로부터 변방의 은혜가 있는 광야로 향하고 있습니다. 우리의 '성경읽기'는 그래서 광야로 향하는 성경적 은유의 '방향'을 잘 이해하고 각 본문들을 읽어 내려가는 것입니다. 소돔이 무너지던 날, 주의 사자가 롯에게 말했듯 세속의 도시로부터 "도망하여"flee, 창 19:17 광야와 산으로 가 영적인 생명을 보존하고 거기서 하나님의 은혜로 온전한 삶을 꾸리는 일, 이 것이야말로 '광야로 성경읽기'의 지극한 방식입니다.

'사막의 교부들'과 함께 읽기

광야를 영적 성장의 터전으로 마련한 사람들이 있었습니다. 기독교 역사는 그들을 '사막의 교부들'the desert fathers이라고 부릅니다. 사막의 교부들은 앞서 언급한 '광야로 성경읽기'의 달인들이었습니다. 그들은 스스로 광야로 가서 거기서 하나님의 말씀을 묵상하며 하나님과 가까워지는 삶을 살았습니다. 이 사람들은 로마가 기독교화되는 흐름 속에서 점차 본래의 정신을 잃어버리고 세속으로 빨려 들어가는 교회를 보았습니다. 그들은 교회의 세속화와 성직자의 타락상을 고발하지 않았습니다. 그들은 그저 그 광폭의 흐름으로부터 스스로 도망쳐 빠져나온 사람들이었습니다. 그렇게 그들은 광야와 사막으로 나가 극단적인 수도생활에 임했습니다. '사막의 교부들'의 생각에 '기독교 국가'라는 것은 존재할 수 없었습니다. 물론 이것은 기독교 국가가 가능하리라 생각하는 한쪽에서 볼 때는 또 다른 극단적인 생각입니다. 그러나 극단적인 생각이라 할지라도 사막 교부들의 생각은 당대 세상과 교회에 대한 대응의 한가지였습니다.

세속을 빠져 나와 신앙의 순수함을 추구한 사람의 시초는 안토니우스Antonius the Great였습니다. 물론 안토니우스 전에도 깊은 기도를 위해 사막과 광야의 동굴로 들어간 사람이 있기는 했지만 그렇게 많지는 않았고, 사막의 기도생활을 정립한 사람의 처음은 아무래도 안토니우스라고 보여집니다. 그는 3세기 후반에 예수님께서 부자청년에

하신 말씀 "네가 온전하고자 할진대 가서 네 소유를 팔아 가난한 자들에게 주라 그리하면 하늘에서 보화가 네게 있으리라 그리고 와서 나를 따르라"마 19:21을 읽고 그것을 그대로 실천했습니다. 그는 가진 것을 모두 팔고 하이집트 동부 사막으로 들어가 거기 산에서 평생 홀로 기도하며 살았습니다. 사람들은 그런 그를 존경하기 시작했고, 그를 통해 광야에서 기도하는 수도 생활이 널리 알려지게 되었습니다.

안토니우스가 홀로 기도생활을 시작한 이후 많은 사람이 이집트의 사막으로 찾아왔습니다. 그들은 이집트의 상부 나일강 일대 사막과 광야에서 은거하며 그들만의 기도 생활을 시작했는데, 그들 가운데 파코미우스Pachomius는 광야의 기도를 홀로 하지 않고 외딴곳 한 집에서 집단을 이루어 실천했습니다. 이것은 우리가 아는 수도원의 처음 시작이라고 할 수 있습니다. 파코미우스는 함께 기도하는 동료들과 함께 공동생활을 하며 기도와 성경읽기에 매진하기 위한 생활 규칙을 세우고 그것을 지키도록 했습니다. 그는 특히 개인 기도와 성경읽기 외에 공동으로 드리는 예배, 공동 노동 그리고 사회봉사를 공동체의 규칙에 포함하여 이후 수도원들의 모범이 되었습니다. 그의 수도원 규칙과 생활방식은 이후 갑바도키아의 바실Basil the Great에게 전파되어 그곳 수도원 운동의 모범이 되었고, 특히 요한 카시안John Cassian에 의해 『제도집』Institutes와 『담화집』Conferences이라는 책들로 만들어져 서방 기독교에 소개되고 서방 교회 수도원 운동의 근거가 되기도 했습니다.

사막의 수도자들은 세속에 가까운 수도원 공동체를 만들거나 혹은 더 극단적인 금욕적 수도로 빠져들어가기도 했습니다. 그래서 당대 이집트 최대 도시인 알렉산드리아 인근에는 스케테Schetis나 니트리아Nitria 같은 곳에 세속에 더 가까이 접근하는 수도원들이 세워지기도 했습니다. 그러나 이곳 수도원의 수도사 중 보다 깊고 영적인 기도를 원하는 사람들은 이 수도원들을 떠나 깊은 사막과 광야의 동굴로 들어갔습니다. 그리고 그렇게 들어간 기도처가 혹시 세상에 알려져 그곳 역시 사람들이 많아지게 되고 세속의 바람이 불어오게 되면 그들 가운데 일부는 또 다시 더 깊은 사막으로, 광야로 들어가 은거하며 기도했습니다. 이런 현상은 4, 5세기 사막 교부들의 기도가 크게 번성하던 때에 곳곳에서 벌어졌습니다. 우리가 아는 팜보,Pambo 에바그리우스,Evagrius 대 마카리우스,Macarius the Great 이집트의 마카리우스 Macarius the Egyptian, 아르세니우스Arsenius 등이 바로 그런 새로운 도피를 주도한 사람들이었습니다.

사실 이 시기 사막의 기도자들은 이단 시비에 휘말리거나 혹은 교회 정치의 정쟁에 휘말리게 되었을 때 더 깊은 기도처로 떠나는 경우가 많았습니다. 알렉산드리아에서 오리겐이나 혹은 아리우스같은 이들이 이단으로 판정을 받게 되었을 때 그들과 관계된 사람들 혹은 그들에게 반대하던 사람들은 자기들만의 견고한 신앙을 위해 시나이 반도의 광야나 팔레스타인 가자 지역의 광야로 들어갔습니다. 거기서 더 멀리 간 사람들도 있었습니다. 그들 가운데 어떤 사람은 시리아 일대의 사막이나 지금 요르단 지역의 아무도 알지 못하는 광야와 사막으로 들어가 거기서 기도생활을 이어갔습니다. 그들 사이에는 극단적인 금욕주의자들도 있었습니다. 주상 위 성자 시몬Simeon the stylite이 대표적이었습니다. 그는 15미터 높이 기둥 위에 올라가 스스로를 사슬에 묶어두고서 거기서 30년 동안 기거하며 기도했습니다.

4세기로부터 시작된 사막의 교부들이 벌인 이 각별한 수도 운동은 분명한 특징을 가지고 있습니다. 그것은 '도피'flee와 '수도'ascetic practice, '하나님에 대한 집중'focus on God 그리고 '이웃 사랑의 실천'exercising lovingneighbors이었습니다. 그들은 도시와 세속으로부터 그리고 거기에 의존하던 자기로부터 도피해 광야에 은거하며 극단적인 영적 훈련으로 자기를 다스린 사람들이었습니다. 그런 가운데 하나님에 대한 집중의 길을 열고, 하나님께서 원하시는 삶을 스스로 실천하고 세상에 가르친 사람들이었습니다. 『사막의 지혜』*The Wisdom of the Desert*, 비아를 쓴 로완 윌리엄스Rowan Williams는 마카리우스의 말을 빌어 이렇게 말했습니다. "도피란 문자 그대로. 혹은 실제로 다른 사람에게서 떨어져 나와 '독방에 앉는 일'이면서도 그렇게 하면 자신의 문제를 해결할 수 있다고 여기는 사치스러운 마음을 거부하는 일입니다...도피란 자신의 죄에 (울면서) 책임을 지는 일입니다." 113 페이지 사막의 교부들은 그렇게 자기 회개와 돌이킴을 온전히 이루며, 기도와 묵상을 통해 하나님께 가까이 다가가고, 항상 하나님과 깊은 교제를 이루는 하나님의 사람들이 되어갔습니다. 팀 비비안Tim Vivian은 그래서 사막의 교부들에게는 "점점 하나님의 빛이 주어지고 사람들은 그들에게서 하나님을 볼 수 있게 되었다"라고 말합니다.*Four Desert Fathers*, 26페이지. 그런 그들이 원하든 원하지 않든 사회적인 영향력을 갖게 된 것은 당연했습니다. 그들 주변에는 항상 많은 사람이 몰렸고, 그들은 피하려 했으나 그들에게 진리의 길에 대한 가르침 받기를 원하는 사람들이 많았습니다.

결국, 사막의 교부들은 우리에게 광야에서 하나님을 만나고 광야에서 하나님의 말씀을 듣는 가운데 우리를 그리고 우리 공동체와 우리 세상을 갱신하는 삶의 방향을 일러줍니다. 사막의 교부들은 우리에게 "떠날 것"을 요청합니다. 그리고 스스로를 근신하는 가운데 하나님의 말씀에 "집중할 것"을 가르칩니다. 그들은 그것이 지극히 성경적인 것이며, 하나님께서 당신의 경건한 사람들에게 원하는 것이라고 생각했습니다. 그리고 그것을 실천했습니다. 토마스 머튼Thomas

Merton의 말대로 우리 광야의 스승들은 우리에게 광야로 가서 거기서 하나님의 말씀을 체험할 것을 요청합니다.『토마스 머튼이 길어낸 사막의 지혜』, 20페이지 그들은 우리가 광야로 갈 때 우리에게 어떤 변화가 일어나고 우리 삶과 세상에 어떤 일들이 일어나는지 기대할 것을 요청합니다. 그래서 사막 교부들의 '일담'이나 '일화'는 성경의 광야를 묵상하는 일에 큰 도움이 됩니다. 그들이 경험하고, 그들이 나누고, 그들이 가르친 광야의 구원과 깨달음 그리고 체험은 성경을 통해 얻게 된 중요한 교훈들을 우리의 것으로 만들고 실천하도록 하는데 등불과 같은 역할을 합니다.

광야의 길 묵상하기

우리는 성경과 기독교 역사 속 신앙의 선진들이 벌인 광야의 '투쟁 어린 여행'을 우리의 것으로 받아들이고 이어가야 합니다. 그들은 광야로 부르시는 하나님의 음성에 순종했고 그 길로 광야로 나가서 거기서 말씀과 기도 가운데 하나님을 만났습니다. 그리고 거기서 사명을 품고 하나님께서 가라 하신 방향으로 다시 나아갔습니다. 그리고 그 광야의 행진에서 믿음의 승리를 이루었습니다. 하나님께서는 오늘을 살아가는 우리 역시 광야로 부르십니다. 하나님께서는 우리가 그곳 광야에서 말씀과 기도 가운데 하나님을 만나기를 바라십니다. 무엇보다 하나님께서는 우리가 그곳 광야에서 새롭게 시작하는 선교적 순례의 길을 온전히 감당하게 되기를 바라십니다.

이제, 40일의 묵상 여행을 시작하는 분들을 위해 의미 있는 광야길 여행을 위한 다음의 몇 가지를 제안하고자 합니다.

"도피란 자신의 죄에 (울면서) 책임을 지는 일입니다."

『사막의 지혜』The Wisdom of the Desert, 로완 윌리엄스Rowan Williams

광야의 길 묵상은 먼저 '떠나는 단계'로부터 시작해야 합니다. 하나님께서는 당신의 사람들이 세상 가운데 머무르지 않고, 세상과 세상의 영향에서 벗어나 하나님께서 뜻하시는 길의 여정을 시작하기를 바라십니다. 그 시작은 바로 세상으로부터 '떠나는' 일입니다. 하나님께서 당신의 사람을 세상으로부터 떠나게 하신 전형은 에녹에게 있습니다. 아브라함과 족장들, 이스라엘 자손과 다윗을 비롯한 신앙의 선진들은 모두 한결같이 하나님의 부르심을 따라 그들이 살던 땅을 떠나 하나님의 부르심대로 광야로 나갔습니다. 이런 떠남은 예수님에게서도 발견됩니다. 예수님께서는 당신의 익숙한 삶의 자리, 사역의 자리를 떠나 성령의 인도하심대로 광야로 떠나기를 꾸준히 하셨습니다. 떠나는 일은 결국 하나님의 백성이 광야길을 여행하기 위해 해야할 가장 중요한 시작입니다.

그다음 우리는 광야에서 '하나님을 만나는 단계'를 지나야 합니다. 광야에서 하나님은 우리의 부끄러움과 치부를 온전히 드러내십니다. 그렇게 하나님께서는 우리를 정결하게 하시고 당신의 말씀과 계명으로 우리를 새롭게 채우십니다. 우리는 광야의 하나님에게서 우리를 새롭게 하시려는 의지를 보게 됩니다. 그리고 실제로 우리를 온전하게 다시 세우시는 하나님을 만나게 됩니다. 그뿐 아닙니다. 광야에서 하나님께서는 우리를 인도하시고 우리를 돌보고 다스리시는 가운데 우리에게 말씀하시며 우리를 당신의 백성으로 온전하게 세우십니다. 이스라엘은 광야에서 먹이고 돌보시는 하나님을 경험했습니다. 다윗은 광야에서 그를 격려하시며 담대하게 세우시는 하나님을 경험했습니다. 엘리야와 모세는 광야에서 그들에게 말씀하시고 그들을 진두지휘하시며 그들을 이끄시는 하나님을 경험했습니다. 이런 하나님은 신약의 베드로와 바울과 그리고 요한과 같은 사도들에게도 동일한 모습으로 나타나셨습니다. 그래서 신약의 새로운 하나님의 백성들이 세상 가운데 온전히 복음의 빛이 되도록 인도하셨습니다.

세 번째로 하나님께서는 광야에서 '동행하는 형제와 자매를 만나도록' 하십니다. 우리는 광야의 척박한 길을 홀로 걷는다고 생각하기 쉽습니다. 그러나 하나님께서는 우리 광야길에 동행자를 허락하십니다. 홀로 슬픔 가운데 있는 이들에게 영적인 동반자를 허락하시고 그들과 더불어 우애하며 힘든 광야길을 나아가도록 인도하시는 것입니다. 하나님께서는 족장들의 광야길을 홀로 걷는 길이 되지 않게 하셨습니다. 그래서 족장들에게는 사라와 리브가 그리고 그 아들들이 늘 함께 했습니다. 이스라엘 자손의 출애굽 역시 남자들만의 광야행이 아니었습니다. 모세는 바로에게 남녀노소를 비롯한 모든 이스라엘 자손이 함께 광야로 나가야 한다고 말했습니다. 마찬가지로 다윗의 길이나 엘리야의 길 그리고 바울의 길 역시 홀로 걷는 길이 아니었습니다. 그 길에는 항상 신실한 동반자들이 함께했습니다. 그래서, 요한은 마지막에 그의 고난어린 신앙의 행진이 혼자만의 것이 아닌 예수를 따르는 허다한 무리의 동행임을 배우게 됩니다.

네 번째로 광야의 길은 '스스로 온전해지는' 단계를 지납니다. 하나님께서는 광야의 길을 지나는 당신의 백성을 예수님 십자가 길로 이끄셔서 그 길을 따르는 가운데 더욱 온전한 하나님의 자녀가 되게 하십니다. 광야의 길은 세상에서 벗어나 하나님을 향해 나아가는 가운데 하나님의 은혜 가운데 온전함을 체험하게 되는 길입니다. 그 길은 세상이 이길 수도 없고 세상이 무너뜨릴 수도 없는 하나님의 백성만이 걷는 고백의 길입니다. 그래서 그 길 가운데서 하나님의 백성은 사탄의 권세를 이기고 예수님께서 베푸시는 다양한 광야의 은혜를 통해 온전하게 되고 깊어지게 되며 풍성하게 되는 경험을 얻게 됩니다. 무엇보다 예수님께서는 당신도 감당하기 어려웠던 십자가 고난과 죽음의 여정에서 당신은 고통과 죽음으로 쓰러질지라도 우리를 진리와 생명의 빛으로 인도하시기 위해 수고를 아끼지 않으셨습니다. 결국 예수님 십자가 길과 나란히 이어지는 광야길을 걷는 하나님의 백성은 예수님을 따라 죽음과 악의 권세를 이기고 부활의 승리를 맛보게 될 것입니다.

다섯 번째 광야의 길 묵상은 '지혜의 이야기들'과 함께 걷습니다. 우리가 걷는 광야의 길에는 훌륭한 동반자들이 있습니다. 바로 사막의 교부들입니다. 우리는 광야의 길 40일을 걷는 내내 그들의 지혜로운 교훈들을 접하게 됩니다. 그리고 그들이 드러낸 깊고 풍성한 지혜의 언어들과 더불어 우리 광야길의 기도를 더욱 견고하게 합니다. 사막의 교부들이 가르치고 전하는 지혜의 말들은 매 묵상에서 우리의 광야 기도를 더욱 진중하게 할 것입니다. 따라서 광야의 길 순례자들은 매일 제공되는 사막 교부들의 지혜의 말들을 매일 묵상하는 본문과 함께 읽고 그 내용이 매일 기도의 일부가 되도록 해야 합니다.

순례자들의 공동체 토비아의 2023년 사순절 묵상 『광야의 길』은 세상을 살아가지만, 세상에 속한 사람들이 아니라 하나님께 속한 사람들이고자 하는 하나님의 백성을 위한 묵상집입니다. 이 책은 매년 토비아가 발간하는 사순절 묵상집 <길 시리즈>의 일환으로 제작되었습니다. 그러나 이 책은 이전 시리즈들이 갖는 지리적이고 역사적인 맥락의 묵상과는 궤를 달리합니다. 이 책은 성경 자체가 가지고 있는 '광야를 향한 신앙의 여정' 혹은 '광야로 나서는 신앙의 여정'에 초점을 맞추고 있습니다. 중요한 것은 먼저 광야로 나아가는 것입니다. 그리고 거기서 하나님을 만나 온전하게 되고 다시 광야로부터 부름받은 사명의 길로 나아가는 것입니다.

예수 그리스도의 사람으로서 이 세상과 대립하여 갈등하고 있다면, 하나님의 사람으로서 세상이 아닌 하늘에 어울리는 삶의 방식을 간절히 원한다면, 성령의 사람으로서 세상 모든 피조물에게 하나님의 복된 소식, 예수를 증거하고 선포하는 일에 온전하고자 한다면, 『광야의 길』은 그 길의 진지한 안내자로서 역할을 다하게 될 것입니다.

묵상과 기도의 자리에서

강신덕 목사

Forty day Meditations for Spiritual Pilgrims

떠나는 길

Forty day Meditations for Spiritual Pilgrims

떠나는 길

하나님이 그를 데려가시므로

창세기 5장 24절

에녹이 하나님과 동행하더니
하나님이 그를 데려가시므로 세상에 있지 아니하였더라

　　세상이 처음 창조되고 아담과 하와가 이 땅에 발을 딛고 살게 된 이래로 사람은 누구나 '떠나는' 일에 익숙해져야 했습니다.창 2:24 성경은 사람이 누구나 자의에 의해서든 타의에 의해서든 주어진 삶의 자리를 떠나야 하리라고 말합니다. 그렇게 아담과 하와는 불순종 가운데 에덴을 떠났고,창 3:23 가인은 동생을 죽인 후 여호와 앞을 떠나 놋 땅으로 갔으며,창 4:16 노아는 홍수로 멸망할 세상을 벗어나 방주로 들어갔고,창 7:7 노아의 자손도 그들이 처음 정착한 아라랏 산 일대를 떠나 시날Shinar로 대표되는 그들 각자의 정착지로 나아갔습니다.창 11:2 창세기 원 역사 속 사람들은 모두 그들의 원래 자리를 떠났습니다. 그런데 한 사람, '떠남'에 관해 주목해 볼 사람이 있습니다. 그는 바로 에녹입니다. 에녹은 65세에 아들 므두셀라를 나은 후 약 3백여 년 동안 세상 가운데 있다가 '하나님의 부름을 받아' 세상을 떠나 사라졌습니다.창 5:24 하나님의 부름받아 죄 가득한 세상을 떠난 것입니다.

01
사막의 교부들과 함께 묵상하기

주후 5세기 콘스탄티노플의 왕궁에서 고위직으로 있던 아르세니우스Arsenius는 어느 날 "인간 무리를 피하라 그러면 구원을 받을 것"이라는 하나님의 음성을 들었습니다. 그는 곧 알렉산드리아로 향하는 배를 얻어탔습니다. 그리고 이집트의 광야로 들어가 거기서 평생 사람을 피하며 하나님의 구원을 구하는 삶을 살았습니다.

에녹은 온갖 죄악과 불의로 가득한 세상 가운데서 하나님의 신실한 사람이었습니다. 그가 하나님과 동행했다는 것은 그가 죄 많은 세상에 물들지 않았음을 말하는 것입니다. 그의 삶이 평탄하지 않았으리라는 것은 쉽게 예상할 수 있습니다. 그래서 성경은 세상이 그를 어찌하기 전에 "하나님께서 그를 데려가셨다"라고 말하고 있습니다.창 5:24 하나님께서는 에녹이 힘들어하던 세상에서 떠나도록, 그가 고통스러워하던 세상에서 벗어나도록 하셨습니다. 그래서 세상이 더는 그를 찾을 수 없도록 그를 세상에서 완전히 빼내셨습니다. 하나님의 이런 조치는 놀랍습니다. 하나님께서 부르셔서 '떠나는' 것은 세상 다른 피조물 인간의 일반적인 '떠남'과 다릅니다. 그것은 하나님의 구원의 조치였습니다. 에녹의 '떠남'에서 우리는 구원자 하나님을 묵상합니다. 죄로 인해 고단하여 곤고한 세상으로부터 우리를 구하시는 하나님의 모습입니다. 우리 그리스도인의 '떠남' 역시 에녹의 것과 유사합니다. 우리의 떠남은 구원을 의미합니다.

광야의 기도

하나님께서 우리를 세상의 죄와 분요함으로부터 구원해 내시고 참으로 구원받을 자리, 말씀과 기도의 자리로 이끄십니다. 하나님의 부르심에 순종하여 세상에서 벗어나도록 합시다.

본토 친척 아비집을 떠나

창세기 12장 1절

여호와께서 아브람에게 이르시되 너는 너의 고향과 친척과
아버지의 집을 떠나 내가 네게 보여 줄 땅으로 가라

우리의 '떠남'은 친숙하던 것, 익숙하던 것에서 멀어지는 것을 의미합니다. 그래서 낯선 곳, 낯선 것들 사이로 들어서는 것을 의미합니다. 아브라함이 그 살던 곳을 떠날 때 그랬습니다. 아브라함의 아버지 데라는 조상으로부터 익숙하게 지내오던 갈대아 우르를 떠나 낯선 곳 하란에 와서 살았습니다.창 11:31 처음 갈대아 우르를 떠날 때 아브라함은 두려웠습니다. 그러나 그는 곧 하란에서의 삶에 익숙해졌습니다. 그는 거기서 아버지의 죽음을 맞았고창 11:32 집안의 가장이 되었습니다. 그는 하란이 그에게 익숙하여 안정된 삶의 자리가 되리라고 생각했습니다. 그러나 하나님의 생각은 달랐습니다. 하나님께서는 아브라함에게 하란을 "떠나라"라고 말씀하시고, "내가 네게 보여 줄 땅으로 가라"고 하셨습니다. 아브라함으로서는 또다시 익숙한 곳에서 떠나야 하는 부담이었습니다. 발을 디뎌보지도 않은 곳, 경험하지도 못한 곳, 그래서 온갖 낯선 것으로 가득한 곳으로 나서야 하는 어려움이 그를 기다리고 있습니다.

02

사막의 교부들과 함께 묵상하기

기도를 많이 하는 한 사막의 수도자가 알렉산드리아로부터 그를 찾아온 구도자를 바라보며 이렇게 말했습니다. "당신이 무엇보다 미워해야 할 두 가지가 있습니다." 영생에 대한 갈급함으로 애써 사막의 동굴까지 수도자를 찾아온 구도자가 말했습니다. "그것이 무엇입니까? 저에게 가르쳐 주십시오. 제가 따르겠습니다." 수도자는 근엄한 얼굴로 말했습니다. "익숙하여 편안한 생활과 허영입니다. 그 두 가지에서 어서 벗어나 떠나십시오. 그러면 참된 영생의 자리, 참으로 기도하는 생활로 나아갈 수 있습니다."

아브라함이 하란을 떠날 때 나이는 일흔하고도 다섯 살이었습니다.창 12:4 아브라함이 익숙하게 살던 곳 하란을 떠나던 나이는 낯선 것보다 새로운 것에 대한 기대감이 더 즐거운 사춘기도 아니었습니다. 그렇다고 그가 낯선 것들에 대한 두려움을 극복할 중년의 책임감으로 불타오를 때도 아니었습니다. 그는 익숙하게 여기던 것에서 복을 누리고 친숙한 것에서 평안을 얻을 나이였습니다. 그런데 하나님께서는 그에게 익숙하다 못해 그에게 모든 것이 되어버린 "본토와 친척과 아비집을 떠나라"라고 명령하셨습니다. 아브라함은 당장 하나님의 뜻을 따랐습니다. 그는 김동인의 소설 『무지개』에 나오는 소년처럼 "후다닥" 일어서 하나님 말씀을 따랐습니다. 익숙한 것을 버리고 낯선 것을 쥐는 것, 친숙한 자리에서 일어서 낯선 길로, 자리로 나서는 것은 쉬운 일이 아닙니다. 그렇지만 아브라함은 모든 것을 털고 일어서 하나님의 말씀을 따랐습니다. 아브라함을 믿음의 조상으로 둔 우리 역시 마찬가지입니다. 익숙한 것으로부터 낯선 것으로 떠나는 여행이 우리 영혼에 지복至福입니다.

광야의 기도

너무도 익숙하여 나를 편안의 늪에 빠지도록 하는 습관, 관계 등이 무엇인지 묵상해 보고 그 늪으로부터 떠나 참된 기도 생활로 나아갑시다.

도망하여 생명을 보존하라

창세기 19장 17절

그 사람들이 그들을 밖으로 이끌어 낸 후에 이르되
도망하여 생명을 보존하라 돌아보거나 들에 머물지 말고
산으로 도망하여 멸망함을 면하라

'떠나라'go forth라는 하나님의 말씀은 때로 '도망치라'escape, flee라는 강한 명령이 되기도 합니다. 이런 일은 이미 노아의 시대에 있었습니다. 하나님께서는 노아에게 당대 불의한 세상이 심판받아 홍수로 잠길 것이라고 말씀하셨습니다. 그리고 노아에게 배를 만들어 홍수 심판으로부터 피할 것을 명령하셨습니다.창 6:18 이런식의 강한 명령은 아브라함의 조카 롯의 이야기에서 잘 나타납니다. 그는 삼촌 아브라함과 헤어져 당대의 타락한 도시 소돔으로 이주해 살았습니다. 하나님의 사자는 소돔에 살던 롯과 그의 가족에게 나타나 "당장 도시를 떠나라"며 그를 잡아 도시로부터 끌어냈습니다. 그때 하나님의 사자는 급하게 도시를 탈출하되 뒤도 돌아보지 말고 곧장 아무도 없는 산으로 가라고 명령합니다.창 19:17 이런 식의 급박한 명령은 출애굽 이야기 첫 유월절 사건에서도 있었습니다. 하나님께서는 이스라엘 백성에게 애굽을 떠날 채비를 갖추고 급하게 음식을 먹으라고 말씀하셨습니다.출 12:11

03

사막의 교부들과 함께
묵상하기

수도자 오르Or가 광야에서 홀로 기도하는 자신을 찾아온 구도자들에게 이렇게 말했습니다. "사람들에게서 달아나십시오. 그렇지 않으면 세상과 그 안에 있는 사람들이 당신에게 여러 어리석은 짓을 하게 될 것입니다. 지금 당장 사람들로부터 피해 거룩하게 하시는 하나님의 은밀한 피난처로 들어가십시오."

성경은 때로 우리에게 '도망치듯 급하게' 떠나야 할 때를 이야기합니다. 예수님께서도 이렇게 말씀하셨습니다. "그 때에 유대에 있는 자들은 산으로 도망갈 것이며 성내에 있는 자들은 나갈 것이며 촌에 있는 자들은 그리로 들어가지 말지어다"눅 21:21 예수님 말씀에서도 알 수 있듯 성경의 이런 명령은 우리의 종말 신앙과 관계가 있습니다. 그런데 이 명령은 사실 종말적 요청을 넘어섭니다. '도망치라'라는 명령은 오늘 우리의 불의하여 악한 현실로부터의 탈출을 말하기도 합니다. 종말적 도피만이 급한 것이 아닙니다. 우리의 순전함을 위한 '일상의 도피' 역시 중요한 것입니다. 우리는 장망성將亡城으로부터 "도망하여 떠나라" 하시는 하나님의 명령이 매우 급박한 것임을 깨달아야 합니다. 온갖 죄악과 쾌락, 정욕으로 가득한 세상과 구별되어 거룩하라는 하나님의 명령을 따라 각자의 악한 세상 현실에서 벗어나야 합니다. 오늘 하나님의 긴박한 명령에 순종하여 '우리의 소돔'으로부터 벗어나야 합니다.

광야의 기도

우리를 추하고 더럽게 만드는 죄악과 불의한 현실이 있습니다. 더 물들기 전에 어서 벗어나 여호와 하나님의 거룩한 산으로 도망쳐야 합니다. 하나님의 구원과 도우심을 구합시다.

네 족속에게로 돌아가라

창세기 31장 3절

여호와께서 야곱에게 이르시되 네 조상의 땅 네 족속에게로
돌아가라 내가 너와 함께 있으리라 하신지라

형 에서에게서 도망쳐 밧단아람Baddan-Aram으로 간 야곱의 삶은 녹록지 않았습니다. 그가 기댄 곳은 삼촌 라반의 집이었지만, 그래서 한편으로 무한한 환대를 받기도 했지만, 그곳은 그에게 점점 부담이 가중되는 곳이었습니다. 야곱은 밧단아람에서 보낸 20여 년 세월에 대해 라반에게 이렇게 말했습니다. "내가 이 이십 년을 외삼촌과 함께 하였거니와…내가 이와 같이 낮에는 더위와 밤에는 추위를 무릅쓰고 눈 붙일 겨를도 없이 지냈나이다."창 31:38, 40 도망치듯 밀려왔던 밧단아람의 삼촌 집에서 한편으로 그는 큰 가족을 얻고 재산을 크게 늘릴 수 있었습니다. 그러나 다른 한편으로 그는 거기서 고단했고 지쳐버렸습니다. 밧단아람에서 머무는 시간이 길어질수록 그는 삼촌 라반과 그 집에 대해, 무엇보다 자신의 욕망에 대해 종과 같이 되어갔습니다. 그는 자신을 욕망의 노예로 사로잡고 있는 밧단아람으로부터 벗어나야 했습니다. 그때 하나님께서 곤고한 야곱을 보셨습니다. 그리고 그를 밧단아람의 현실에서 인도해 내시려고 "네 조상의 땅으로 돌아가라"라고 말씀하셨습니다.창 31:3

04
사막의 교부들과 함께
묵상하기

주후 540년경 팔레스타인 남부 광야에서 기도로 생활했던 '위대한 늙은이'a great oldman 바르사누피우스Barsanuphius는 새롭고 온전한 삶의 자리로 나아갈 수 있도록 조언을 요청한 수도 공동체의 한 젊은이에게 이렇게 말했습니다. "내가 지금껏 했던 말들을 이해했다면 이제 그것을 그대로 따르세요. 그렇게 하면 오래전 바울 사도가 이야기했던 것과 같이 당신은 원하는 것을 얻게 될 것입니다. 바울 사도는 고린도전서 9장 24절에서 이렇게 말했습니다. '여러분도 상을 받을 수 있도록 달리십시오.'새번역 성경"

야곱은 부요하고 강성해지고자 하는 마음으로 왔던 밧단아람의 끝을 깨달았습니다. 그는 그 모든 욕망의 끝을 향하는 것보다 하나님과 함께하여 그 가운데 평안을 누리는 것이 더 중요하다는 것을 알았습니다. 야곱은 하나님의 말씀을 따라 욕망의 땅 밧단아람을 떠났습니다. 그가 온전한 하나님의 사람이 될 수 있는 아버지의 땅으로 돌아갔습니다. 사실 예수님의 비유에서 우리는 또 다른 야곱을 발견하게 됩니다. 그 역시 그의 아버지의 집에서 둘째 아들이었습니다. 어느 날 그는 아버지에게서 자기 몫의 재산을 챙겨 먼 나라 도시로 갔습니다. 거기서 그는 욕망의 끝이 결국 그 땅의 노예가 되는 것임을 깨달았습니다.눅 15:16 그는 그가 부귀하게 되리라 여겼던 도시가 오히려 자신을 죽게 하리라는 것을 알게 되었습니다.눅 15:17 그는 곧 "아버지에게로" 돌아갔습니다. 야곱의 이야기, 탕자의 이야기는 오늘 우리의 이야기입니다. 하나님께서는 오늘 우리에게 욕망의 도시를 벗어나 당신의 참된 영생을 누릴 자리로 돌아오라고 말씀하십니다.

광야의 기도

하나님께서 당신의 자리로 돌아오라고 말씀하십니다. 야곱처럼 욕망의 사슬을 끊고 욕망의 땅을 떠나 우리 아버지에게로 돌아갑시다. 하나님과 동행하는 삶으로 나아갑시다.

당신들을 이 땅에서 인도하여 내사

창세기 50장 24절

요셉이 그의 형제들에게 이르되 나는 죽을 것이나
하나님이 당신들을 돌보시고 당신들을 이 땅에서 인도하여 내사
아브라함과 이삭과 야곱에게 맹세하신 땅에 이르게 하시리라

애굽으로 내려가 총리가 되고 거기서 가족과 세상을 살린 요셉은 언젠가 하나님께서 자신과 일족을 그 땅에서 구원하시고 가나안으로 인도하실 때가 있을 것을 알았습니다. 그는 자기 자손들과 형제들의 후손들 즉, 이스라엘의 자손이 그 땅 애굽이 아닌 아브라함과 이삭과 야곱의 하나님께서 함께하실 땅으로 돌아가야 함을 잘 알았습니다. 그 땅 애굽은 그와 이스라엘 자손을 기근으로부터 구해주었지만, 하나님의 사람들 이스라엘 자손이 영원히 살 곳은 아니었습니다. 그 곳은 이스라엘 자손이 번성하도록 하겠지만, 결국 그 번성을 족쇄 삼아 그들을 묶어 두려 할 것입니다. 그렇게 그 땅 애굽은 이스라엘 자손을 고난으로 인도할 것입니다. 하나님의 백성 이스라엘 자손은 그 땅에서 종살이로 고난받아 고통으로 신음하게 될 것입니다. 결국 하나님의 구원이 필요한 시점이 곧 다가올 것입니다. 지혜롭고 신앙 깊은 요셉은 이스라엘 자손의 사슬에 묶인 미래에 하나님의 긍휼 가득한 구원이 있을 것을 내다 보았습니다.

05

사막의 교부들과 함께 묵상하기

이집트 '광야의 등불'이라고 알려진 수도사 마카리오스Macarius의 『신령한 설교집』Fifty Spiritual Homilies, 은성출판사에는 이런 말이 있습니다. "사람은 하늘을 나는 새를 보며 자신도 날기를 원하지만, 날개가 없기에 날지 못합니다. (우리 사람은) 순수하고 나무랄 데 없고 흠도 없으며 악함이 없어 하나님과 항상 함께 있고자 하는 '원함은 내게 있으나'롬 7:18, 그것을 행하는 능력은 없습니다. 그러므로 우리는 성령의 '비둘기 같은 날개'시 55:6를 구해야 합니다. 그러면 우리는 그(분)에게 날아가서 편히 쉴 것입니다."p.48.

400여 년이 흐른 뒤 하나님께서는 모세에게 이렇게 말씀하셨습니다. "내가 애굽에 있는 내 백성의 고통을 분명히 보고 그들이 그들의 감독자로 말미암아 부르짖음을 듣고 그 근심을 알고 내가 내려가서 그들을 애굽인의 손에서 건져내고 그들을 그 땅에서 인도하여 아름답고 광대한 땅, 젖과 꿀이 흐르는 땅...에 데려가려 하노라."출 3:7-8 과연 하나님께서는 요셉의 말대로 당신의 백성을 애굽 땅에 그대로 두지 않으셨습니다. 하나님께서는 당신의 백성을 고통과 신음의 땅, 근심의 땅에서 구원해 내셔서 가나안으로 인도하십니다. 하나님께서는 이 모든 일을 스스로 드러내신 이름대로"나는 스스로 있는 자다", 출 3:14 당신의 굳건한 의지를 품어 성취하셨습니다. 하나님의 백성은 세상 가운데서 절망과 고통과 신음 가운데 있을 때 하나님의 구원을 소망하고 기다립니다. 오늘도 하나님께서는 당신의 백성된 우리가 애굽과 같은 현실을 살고 있음을 보시고, 우리의 신음 소리를 들으시며, 우리의 근심을 아십니다. 우리는 곧 애굽의 현실을 떠나 하나님께서 준비하신 구원의 자리로 가게 될 것입니다.

광야의 기도

하나님께서는 우리를 애굽과 같은 악의 현실에서 구하려 하십니다. 어둡고 악으로 가득찬 애굽에서 떠나 하나님의 은혜 아래 안식하게 되기를 간구합시다.

여호와께 제사를 드리려 하오니

출애굽기 5장 3절

그들이 이르되 히브리인의 하나님이 우리에게 나타나셨은즉
우리가 광야로 사흘길쯤 가서 우리 하나님 여호와께 제사를 드리려 하오니
가도록 허락하소서 여호와께서 전염병이나 칼로 우리를 치실까 두려워하나이다

요셉 이후 이스라엘 자손은 애굽 땅에 살면서 기근만 피한 것이 아니었습니다. 이스라엘 자손은 애굽 땅에 살면서 그 땅과 사람들을 위해 노동하며 수고를 아끼지 않았습니다. 애굽 사람들은 이스라엘 자손이 제공하는 노동력으로 도시를 건설하고 국고성을 짓는 등 거대한 사업을 벌일 수 있었고 덕분에 국가의 비약적인 발전을 도모할 수 있었습니다.출 1:11 애굽 사람들은 이스라엘 자손의 수고로 편안함과 번영을 누렸으나 반대로 이스라엘 자손은 애굽 사람들의 압제 가운데 안식할 수도, 안식 가운데 하나님께 예배할 수도 없게 되었습니다. 하나님께서는 이스라엘 자손이 하나님을 예배하고 하나님을 섬기는 사명을 수행할 틈도 없이 애굽과 바로를 위해 사는 것을 옳지 않게 여기셨습니다. 그래서 하나님께서는 당신의 백성이 바로를 위해 노역하는 것을 멈추게 하셨습니다. 하나님께서는 이스라엘 자손 모두가 바로를 위한 노역에서 벗어나 안식을 누리고 하나님을 예배하는 자리로 나오도록 하셨습니다.

06
사막의 교부들과 함께
묵상하기

|

이집트의 수도자 마카리우스Macarius the Egyptian는
여러 개의 기도굴을 가지고 있었습니다. 어떤 것
은 알렉산드리아 가까운 곳에, 어떤 것은 공동체
수도원에 있었습니다. 어떤 것은 리비아의 아주
사막 깊은 곳에 있었습니다. 알렉산드리아나 공동
체 수도원 가까운 곳에 있는 것들은 대체로 공간
이 넓었습니다. 사람들을 만나고, 함께 밥을 먹고,
그리고 함께 일하기에 충분한 공간이었습니다. 그
러나 사막 깊은 곳 기도굴은 그렇지 않았습니다.
그 굴은 그의 사지를 뻗기에도 어려울 만큼 작았
습니다. 사람들이 그 기도굴은 왜 그리 작은지 물
었습니다. 그러자 마카리우스가 이렇게 대답했습
니다. "사람들과 일과 먹을 것으로부터 떠나있으
니 제게 그런 큰 공간은 필요 없습니다. 그곳은 하
나님과 제가 함께 머물기에 족합니다."

출애굽의 핵심 의미는 하나님께서 이스라엘 자손을 쉬게 하시고 광야로 나와 당신에게 예배하게 하신 것입니다. 하나님께서는 당신의 백성이 탐욕으로 자기 잇속만 따지는 권세 아래 묶여 쉴 틈도 없이 세상 노역에 시달리는 것을 원하지 않으십니다. 하나님께서는 당신의 백성과 뭇 피조물이 창세 때로부터 당신이 계명으로 정하신 안식을 누리기를 원하셨습니다.창 2:2-3 그리고 그 안식일에 세상이 아닌 하나님을 섬기며 참된 평안을 누리기를 바라셨습니다.레 23:3 그러나 하나님의 백성을 사로잡고 있는 세상 권세는 그들의 수고가 계속되기를 바랍니다. 아니 더 오랫동안 지속되기를 바랍니다. 그래야 그들이 누릴 것이 더 많아지기 때문입니다. 세상은 하나님 백성의 쉼 없는 수고가 삶의 안락함과 복을 보장한다고 말하지만, 그것은 모두 거짓말입니다. 안식일에 일터였던 애굽을 '떠나' 광야로 나와 하나님과 만나고, 더불어 안식하며, 예배하는 일이야말로 하나님의 피조물된 사람이 누릴 참된 샬롬입니다.

광야의 기도

화려하지만 죄악으로 가득한 세속의 도시를 벗어나 주님 계신 광야로 나아가는 일, 주일을 지키기 위한 진지한 결단에 주께서 함께하시기를 위해 기도합시다.

너희를 포로된 중에서 돌아오게 하되

예레미야 29장 14절

이것은 여호와의 말씀이니라 나는 너희들을 만날 것이며
너희를 포로된 중에서 다시 돌아오게 하되
내가 쫓아 보내었던 나라들과 모든 곳에서 모아 사로잡혀 떠났던
그 곳으로 돌아오게 하리라 이것은 여호와의 말씀이니라

예레미야는 바벨론에 포로로 잡혀간 이스라엘 백성에게 편지를 보냈습니다. 예레미야는 포로된 자들이 그 땅에서 "그 성의 평안을 위해 기도하며" 일상의 평범한 삶을 살도록 했습니다.렘 29:7 예레미야는 포로된 자들이 거기 바벨론에서 직업을 얻고, 집을 얻고, 결혼하고, 자식을 얻어, 그곳에 완전히 정착한 듯 살 것을 주문했습니다. 사실 바벨론에 사로잡혀간 이스라엘 포로들이 이런 삶을 살기란 쉽지 않았습니다. 그들은 포로된 자로서 늘 바벨론 사람들보다 혹은 주변의 강성한 민족들보다 열등한 위치에서 살아야 했습니다. 때로는 말도 안 되는 일로 어려움을 겪을 때도 있었습니다.시 137:1-5 온갖 불의한 일들에 동원되고 불려 다니다가 끔찍한 결과를 경험하기도 했습니다.단 3:21, 스 3:6 그러나 기본적으로 바벨론은 살만한 도시였습니다. 세상 모든 종류의 평안과 기쁨이 도시에 넘쳐났습니다. 포로된 자들이라 할지라도 도시가 주는 안락함에 젖어 들기 쉬웠습니다.

07

사막의 교부들과 함께
묵상하기

|

　사막의 교부 에바그리우스Evagrius는 한때 콘스탄
티노플 교회의 지도자였습니다. 그는 해박한 성경
지식으로 도시 사람들을 열광하게 했고, 이단들과
의 열정적인 토론으로 명성을 쌓았습니다. 그러나
그는 결혼한 귀족 부인에게 음욕을 품었습니다.
실제로 죄를 범하지는 않았지만, 그의 마음 가운
데 큰 죄악이 자리하게 된 것입니다. 그때 그는 하
늘의 천사가 나타나 그를 붙잡아 밧줄로 묶어 그
도시로부터 끌어내는 환상을 보았습니다. 에바그
리우스는 그 환상의 의미를 바로 알아차렸습니다.
그는 마음의 죄를 회개하며, 교회의 모든 직을 버
리고, 도시를 떠났습니다. 그리고 이집트의 사막
으로 가서 평생 기도하며 살았습니다.

하나님께서는 당신의 백성이 포로된 땅에서 안정된 삶을 이어가기를 바라셨지만, 그들이 거기 포로된 땅의 풍조와 유혹과 죄악에 물들기를 원하지는 않으셨습니다. 하나님께서는 일정한 시간이 흐른 뒤 당신의 백성을 그 땅 바벨론에서 인도해 내고자 하셨습니다. 하나님께서는 예레미야를 통해서 이렇게 말씀하셨습니다. "내가 쫓아 보내었던 나라들과 모든 곳에서 모아 사로잡혀 떠났던 그곳으로 돌아오게 하리라" 렘 29:14 하나님께서는 오래전 애굽에서 그렇게 하셨던 것처럼 당신의 백성을 그 포로된 자리로부터 끌어내시고 당신의 백성을 구원의 자리로 인도하십니다. 그래서 광야의 길을 거쳐 하나님께서 새롭게 시작하시는 당신의 나라로 당신의 백성을 인도하십니다. 하나님의 백성은 오래전 애굽에서처럼 부르심에 순종하여 죄악이 가득한 도시와 세상을 떠나야 합니다. 세상이 주는 부와 명예와 안락함 이면에 악과 죄와 유혹이 있음을 알고 하나님과 동행하는 자리, 구원의 광야길로 나서야 합니다.

광야의 기도

광야로 부르시는 하나님의 음성을 듣게 하시고 죄악의 도시 바벨론을 떠나 하나님의 백성으로 온전하게 되는 길, 광야의 길로 순종하며 나아가도록 기도합시다.

내가 새 일을 행하리니

이사야 43장 19절

보라 내가 새 일을 행하리니 이제 나타낼 것이라
너희가 그것을 알지 못하겠느냐 반드시
내가 광야에 길을 사막에 강을 내리니

하나님께서는 당신의 뜻을 따라 바벨론으로부터 나와 시온을 향해 나아가는 백성의 길을 평안으로 인도하십니다. 하나님의 뜻으로 포로 되었다가, 하나님의 은혜로 자유하게 되어 본향으로 돌아가던 하나님의 백성은 시온으로 가는 길 광야에서 하나님의 놀라운 은혜와 사랑을 경험하게 됩니다. 그들은 고단한 광야길을 예상했건만, 하나님께서는 그들의 길이 기쁨과 평안의 길이 되게 하셨습니다. 그것은 이사야의 예언대로입니다. 이사야는 말합니다. "보십시오. 하나님께서 '새 일을 행하리니 이제 나타낼 것이라.' 하나님께서 반드시 광야에 길을 사막에 강을 내실 것입니다."사 43:19 이사야는 또 이렇게 외치기도 했습니다. "여호와가 시온의 모든 황폐한 곳들을 위로하여 그 사막을 에덴 같게, 그 광야를 여호와의 동산 같게 하였나니 그 가운데에 기뻐함과 즐거워함과 감사함과 창화하는 소리가 있으리라"사 51:3 하나님의 구원을 얻어 하나님과 동행하는 광야길은 새로운 일들로 가득합니다.

사막의 교부들과 함께 묵상하기

사막 수도자들의 아버지라 불리는 안토니우스 Antonius는 처음부터 훌륭한 금욕수도자가 아니었습니다. 아타나시우스Athanasius에 의하면 그는 훈련을 거듭했습니다. 어느 때 그는 무덤에 들어가서 거기서 기도했습니다. 그러자 악마가 그의 기도를 방해하고 그를 괴롭혔습니다. 안토니우스는 힘들고 어려웠습니다. 그때 주님의 음성이 들렸습니다. "내가 너의 분투를 지켜보았다. 이제 내가 능히 모든 것을 이길 준비가 되었음을 알았으니 내가 너와 함께할 것이고 너를 도울 것이다." 이후 안토니우스의 훈련 여정은 단순한 고난의 길이 아니었습니다. 그 길은 기쁨의 찬양과 감사, 예배가 넘쳐나는 길이었습니다. 대로가 열리고 꽃이 피어난 광야를 걷는 영적 행진이었습니다.

하나님께서는 세상에 포로되고 억눌려 갇힌 자들에게 해방과 자유를 선포하십니다. 하나님께서는 유대인이든 이방인이든, 누구라도 하나님께서 선포하시는 '여호와의 은혜의 해'the favorable year of the Lord를 듣고 세상을 떠나 하나님의 나라를 향해 나아오는 이들을 환영하시며 그들에게 구원의 길을 여십니다.사 61:1-3 하나님께서는 당신의 인자와 자비의 뜻을 따라 애굽과 바벨론과 같은 세상을 떠나 하나님 구원의 길로 나온 이들을 환영하시고 스스로 그들의 광야길 길잡이가 되어 주십니다. 그런 면에서 광야는 더는 척박한 곳이 아닙니다. 광야는 더는 다니기 어렵고 살기 힘든 곳이 아닙니다. 하나님과 동행하는 한 그곳은 대로가 열리고, 샘물이 터지며, 꽃과 풀과 나무가 무성한 곳이 됩니다. 거주하던 도시의 삶의 자리를 떠나 삭막한 광야의 길로 들어선 우리는 거기서 하나님과 동행하며 세상 도시에서 얻지 못하던 넉넉함, 혹은 풍성함을 경험하게 됩니다.

광야의 기도
주님의 뜻을 따라 떠나온 광야의 길이 주님의 말씀으로 샘이 솟고, 시내가 흐르며, 꽃이 피어나기를 위해 기도합시다.

광야에서 외치는 자의 소리가 있어

누가복음 3장 4절

선지자 이사야의 책에 쓴 바 광야에서 외치는 자의 소리가 있어
이르되 너희는 주의 길을 준비하라 그의 오실 길을 곧게 하라

세례 요한은 하나님 구원의 길을 준비한 사람입니다. 그는 광야에서 살았습니다. 그는 거기 광야에서 살면서 약대털 옷을 입고 허리에 가죽으로 된 띠를 두르고 석청과 메뚜기를 먹으며 살았습니다.마 3:3-4 그는 요단강 동쪽 건너편 베레아Perea의 들판에 머물면서 사람들과 세상을 향해 하나님 나라가 곧 도래하리라는 것을 선포하며 회개를 청하고 세례를 베풀었습니다.마 1:4 그의 의도는 분명했습니다. 그는 메시아께서 새로운 하나님 백성과 더불어 광야를 거쳐 새로운 예루살렘, 새로운 하나님 나라를 향해 나아가실 때, 그 길을 예비하고 그 길을 여는 자의 역할을 자처했습니다. 그렇게 그는 세상 사람들이 이 광야로 나와 하나님의 말씀을 듣고 회개하는 가운데 요단강을 건너서는 세례를 받기를 바랐습니다. 그는 사람들이 그들 살던 곳을 떠나 광야로 나와 하나님의 백성으로 거듭나기를 원했습니다. 그렇게 준비된 하나님의 백성이 오실 메시아와 더불어 시온을 향한 행진을 시작하게 되기를 바랐습니다.

09

사막의 교부들과 함께
묵상하기

안토니우스Antonius는 은거하는 광야의 굴에 살면서 고행 가운데 몸으로 실천하며 거룩한 진리를 드러내고 증거했습니다. 아타나시우스에 의하면 "그는 짐승 가죽으로 옷을 지어 입고 자주 오래 금식하는 가운데 필요로 하지 않는 한 몸을 씻거나 발을 씻지 않았습니다." 그는 항상 그런 모습으로 광야에 은거했고 거기서 기도하고 거기서 성경을 읽었습니다. 그의 몸은 더러웠고 고통스러운 수행의 흔적으로 가득했으나 그의 마음은 하나님의 진리의 빛으로 가득했습니다. 그는 광야에서 홀로 있었으나 많은 사람이 그를 찾고 만나 하나님 구원의 길을 얻었습니다. 그는 세상의 높은 자리가 아니라 광야의 낮은 자리에서 사람들을 구원으로 이끌었습니다.

사실 세례 요한은 이런 광야와 세례 등의 일들을 스스로 만들어내지 않았습니다. 그것은 성경에 이미 기록된 이야기들입니다. 하나님께서는 당신의 백성을 애굽에서 구원하실 때 그들에게 약속의 땅에 대한 비전을 심어주셨습니다.출 3:17 그리고 그들을 이끌 한 사람 모세를 보내셨습니다.출 3:16-18 모세와 이스라엘 자손은 애굽을 떠나 홍해를 건너와서 시내산 앞에서 세상 애굽이 아닌 하나님의 말씀으로 살아가기로 다짐 했습니다.출 24:3 요한은 지금 광야와 요단강에서 모세 때의 그 일들, 하나님의 백성이 구원을 받아 다시 세움 받는 일들을 재현한 것입니다. 오늘도 하나님께서는 우리로 하여금 당신의 영적 안내자들을 통해 하나님 나라에 대한 소망을 품게 하십니다. 그리고 우리를 이끌어 각자의 애굽과 바벨론을 떠나게 하시고 홍해와 요단강을 건너는 가운데 우리를 깨끗하게 하십니다. 우리는 오늘도 우리들의 교회와 공동체에서 세례 요한의 것과 같은 과정을 거쳐 세상을 떠나 광야길을 가는 하나님의 백성이 됩니다.

광야의 기도

화려하고 고결한 자리가 아닌 광야의 낮고 추하고 볼품없는 자리에서 하나님 구원의 길이 열리고 있습니다. 하나님께서 우리를 참 지혜의 광야길로 인도하시기를 위해 기도합시다.

광야로 몰아내신지라

마가복음 1장 12절

성령이 곧 예수를 광야로 몰아내신지라

예수님께서는 요단강에서 요한에게 세례를 받으신 후 광야로 들어가셨습니다. 예수님께서는 세례를 받으신 후 바로 제자들을 모집해서 예루살렘을 향해 메시아 행진을 시작하지 않으셨습니다. 예수님께서는 세례 중에 하나님의 음성을 들으시고마 3:17, 눅 3:22 하나님께서 기뻐하실 만한 일들을 위한 헌신을 결단하셨습니다. 그리고 어찌할 시간 없이 '곧'immediately 요단강과 예루살렘 사이 척박한 땅 유다 광야Judean Desert로 들어가셨습니다. 예수님께서는 거기 광야에서 하나님의 말씀을 듣기 위해 40일 동안 온전히 금식하며 기도하셨습니다. 유다 광야는 사람과 인공의 소리가 거의 들리지 않는 곳입니다. 그곳은 오직 뜨거운 태양과 메마르고 척박한 땅, 그리고 건조한 바람만 있는 곳입니다. 예수님께서는 거기서 세상과 사람들의 말이 아니라 오직 하나님의 뜻, 하나님의 말씀만을 들으며 당신의 사역을 준비하셨습니다. 그래서 예수님의 광야는 하나님과 동행하며 하나님 나라를 온전히 여는 준비의 시간이었습니다.

10
사막의 교부들과 함께
묵상하기

니콘Nicon이라는 수도자가 시내산 수도원에 있었습니다. 그 때 어떤 사람이 인근의 한 집에 들어가 가족을 위협하고 집안 물건을 가져갔습니다. 그리고 자신이 '시내산의 니콘'이라고 말했습니다. 사람들은 곧 달려와서 니콘을 붙잡아 때리고 그를 시내산에서 쫓아내려 했습니다. 그때 니콘이 말했습니다. "제가 잘못했습니다. 가져간 것은 다 변상하겠습니다. 그러나 나를 이곳에서 몰아내지 마시고 오히려 이곳에서 3년 동안 사죄의 기도를 드리게 해 주세요." 사람들은 니콘을 수도원에 가두었습니다. 니콘은 이후 눈총을 받으며 매일 수도원 예배당에 가서 회개 기도를 드렸습니다. 그런데 어느 날, 진짜 범인이 나타났습니다. 그는 자기 잘못을 고백했습니다. 니콘은 그때야 회개의 자리에서 일어섰습니다. 그리고 말했습니다. "나는 그대를 용서합니다. 그러나 나는 이곳을 떠나겠습니다. 사람들이 나를 긍휼히 여기지 않기 때문입니다." 니콘은 진정한 광야 시험의 현실을 경험했습니다. 그리고 예수님의 사람답게 시험을 이겼습니다.

하나님의 영 성령은 마치 세상으로부터 쫓아내듯 예수님을 광야로 몰아내셨습니다.[막 1:12] 그리고 거기서 하나님의 말씀을 듣도록 하셨습니다. 무엇보다 예수님의 광야 시간에는 '시험하는 자'의 시험이 있었습니다. 그는 광야로 와서 세 가지로 예수님을 시험했습니다. 그러나 예수님께서는 그 시험을 이기셨습니다. 예수님께서는 사람을 구원하는 길은 오직 하나님의 말씀과 신실한 헌신, 무엇보다 십자가 사랑으로 완성될 것임을 분명히 하셨습니다.[마 4:3-11] 예수님의 광야 시간은 구원의 부름받은 우리에게도 주어집니다. 예수님의 영이 우리를 광야로 내모신다면 우리는 기꺼이 거기에 순종해야 합니다. 우리 역시 거기서 하나님의 뜻을 확인하게 될 것이고, 무엇보다 거기서 사탄의 강력한 시험을 마주할 것입니다. 그러나 그 모든 시간에 우리는 믿음이 온전해지고 단단해지는 것을 경험하게 될 것입니다. 성령의 인도하심으로 예수님께서 그 길을 온전히 걸으셨던 것처럼 우리도 역시 그 길을 온전히 걸어 낼 것입니다.

광야의 기도

광야의 길 가는 것에서 물러서지 않도록, 그 기도의 자리에서 후퇴하지 않도록 기도합시다. 시험하는 자의 유혹과 모함을 이길 수 있도록 기도합시다.

Forty day Meditations for Spiritual Pilgrims

하나님을 만나는 길

그곳에서 여호와께 제단을 쌓고

창세기 12장 8절

거기서 벧엘 동쪽 산으로 옮겨 장막을 치니 서쪽은 벧엘이요
동쪽은 아이라 그가 그 곳에서 여호와께 제단을 쌓고
여호와의 이름을 부르더니

아브라함은 하나님의 부르심을 받아 길을 떠난 이래 줄곧 가나안과 그 주변에서 거류했습니다. 그는 그렇게 하나님의 부름 받은 삶을 시작했고, 그가 걷는 땅에 정주하지 않고 거류하며, 하나님의 약속이 실현될 날을 기다리고 있었습니다. 그는 광야길로 부르신 하나님의 인도만을 따라 나아갔습니다. 그는 먼저 요단을 건너 가나안으로 들어왔습니다. 가나안에서 가장 먼저 도착한 곳은 세겜Shechem이었습니다. 아브라함은 거기 모레 상수리 나무 아래에 장막을 쳤습니다. 그리고 '거기서' 제단을 쌓았습니다.창 12:7 하지만 그는 거기서는 여호와의 이름을 부르는 예배를 드리지는 않았던 것 같습니다. 이후 그는 남쪽으로 이동했습니다. 이번에는 가나안 중부의 벧엘Bethel과 아이Ai 사이에 거주하며 '거기서'도 제단을 쌓았습니다. 그는 이번에는 제단 앞에서 여호와의 이름을 부르며 예배를 드렸습니다. 이후에도 아브라함의 제단 쌓기는 계속됩니다. 그는 그의 광야의 길 곳곳에서 제단을 쌓고 하나님께 예배했습니다.

11

사막의 교부들과 함께
묵상하기

광야에서 기도하는 다니엘Daniel과 암모에스
Ammoes는 그들이 기도하던 동굴 근처에 너무 많은
사람들이 몰려오자 좀 더 조용한 곳으로 가서 기
도 생활을 이어가기로 했습니다. 그들이 한 줌도
안되는 짐을 챙겨 동굴을 나서려 할 때 인근 동굴
에서 기도하던 한 수도자가 다니엘에게 물었습니
다. "어디로 가십니까? 이곳 말고 그곳에도 하나
님께서 임재하십니까?" 그러자 다니엘이 대답했
습니다. "이 동굴 밖이든 동굴 안이든 하나님은 어
디든 계십니다. 중요한 것은 주어진 자리에서 무
릎을 꿇고 기도하는 것입니다. 우리가 기도하는
그 자리에 하나님도 함께하십니다."

광야의 길 곳곳에서 제단을 쌓고 하나님께 예배했다는 것은 의미가 깊습니다. 아브라함은 그의 광야길이 그저 그런 '무작정의 여행길'이 되지 않게 했습니다. 그는 그가 다니며 거류하는 곳곳, '그곳'*sham, there*이 하나님께 예배하는 자리가 되고 하나님께서 임재하시는 특별한 곳이 되기를 원했습니다. 이런 자세는 아들 이삭에게도 이어집니다. 이삭은 그랄 사람들에게 여러 번 우물을 빼앗기고서 마지막에 정착한 브엘세바 '그곳'에 제단을 쌓고 하나님의 임재를 구했습니다.창 26:25 야곱 역시 그 인생 광야길에서 늘 제단을 쌓았습니다. 벧엘이 대표적인 곳입니다. 그는 형 에서에게서 도망할 때나 혹은 딸 디나 사건으로 어려움에 빠졌을 때도 벧엘에 제단을 쌓고 하나님의 임재를 구했습니다.창 35:7 하나님 백성의 광야길은 멋대로 정처없이 다니는 길이 아닙니다. 하나님의 뜻, 하나님의 필연이 있는 여행입니다. 그러니 하나님의 백성은 그가 가는 곳곳에 예배의 자리를 마련하고 하나님의 임재와 동행을 구해야 합니다.

광야의 기도

하나님께서 부르신 신앙의 길 곳곳에서 하나님의 임재를 구해야 합니다. 하나님께서는 어디든 우리가 무릎 꿇고 기도하는 자리에 우리와 함께 하십니다.

브엘세바 광야에서 방황하더니

창세기 21장 14절

아브라함이 아침에 일찍이 일어나 떡과 물 한 가죽부대를 가져다가
하갈의 어깨에 메워 주고 그 아이를 데리고 가게 하니
하갈이 나가서 브엘세바 광야에서 방황하더니

하갈은 아브라함의 아들 이스마엘을 두고서 편안한 인생을 기대했
습니다. 그러나 아브라함과 사라 사이에 이삭이 태어나자 결국 그 집
에서 쫓겨나고 말았습니다. 아브라함은 하갈에게 어느 만큼 떡과 물
을 주고 모자母子를 아무것도 없는 들판으로 나가게 했습니다.창 21:14 하
갈에게 브엘세바 광야길은 확실히 방황하는 길이었습니다. 거기서는
누구에게 의지할 수도 없었고 어디에 기대어 쉴 수도 없었습니다. 하
갈은 아들 이스마엘과 그저 걷고 또 걸었습니다. 그들은 어디로 가야
할지도 몰랐고, 어디로 가는지도 몰랐습니다. 결국에는 가져간 떡과
물이 모두 떨어졌습니다. 하갈은 점점 기력을 잃어가는 아들을 작은
나무 그늘 밑에 두고 자신은 조금 떨어진 곳 뙤약볕 아래 앉았습니
다. 그리고 서로 마주 보며 울었습니다.창 21:15-16 그때 하나님의 사자가
하갈에게 나타났습니다. 그리고 억울한 슬픔에 빠진 하갈의 눈을 뜨
게 했습니다. 하갈은 샘물을 보았습니다.창 21:19 그렇게 그들은 거기서
살길을 얻었습니다.

12

사막의 교부들과 함께
묵상하기

기도자 마카리우스Macarius는 어느 날 그가 늘 거
주하며 기도하던 스케테 공동체를 떠나기로 했습
니다. 그는 자기 짐을 한 자루 들고 홀로 길을 나
섰습니다. 그런데 한참을 걸어도 그가 목적하던
기도처는 나오지 않았습니다. 그는 지쳐버렸습니
다. 그는 결국 들고 있던 짐을 내려놓고 그 자리에
풀썩 주저앉아 기도했습니다. "하나님, 더는 걸을
수가 없습니다. 너무 지쳐버렸습니다. 저에게 쉴
곳을 열어 주십시오." 그런데 그렇게 기도하는데
그의 귀에 물 흐르는 소리가 들렸습니다. 그는 작
은 개울 옆에 앉아 기도하고 있었습니다.

광야는 하나님을 만나는 자리입니다. 그런데 사실 하나님께서 들으신 것은 어린아이 이스마엘의 소리였습니다. 어머니 하갈이 절망스러운 슬픔에 완전히 사로잡혀 근처에 있던 샘물조차 볼 수 없을 만큼 무너져 있을 때, 어린 이스마엘은 어머니를 바라보며 조용히 하나님께 기도했습니다. 그러자 하나님께서는 어린아이의 소리를 들으셨습니다. 하나님께서는 그 작은 아이가 '자기 있는 곳'where he is에서 죽을 힘을 다해 외치는 '작은 소리'를 들으셨습니다.창 21:17 하나님께서는 광야 가운데, 어머니 하갈이 외치는 소리만 메아리로 돌아치는 거기에서 작게 웅얼거리는 어린아이의 소리를 들으셨습니다. 하나님께서는 그 죽을 것 같은 광야에서 절망과 죽음에 사로잡힌 모자를 만나 주셨고 살길을 열어 주셨습니다. 광야의 하나님은 귀를 기울여 들으십니다. 하나님은 들으시되 귀 기울여 들으시는 분이십니다.시 66:19 그리고 이것이 우리가 광야의 길에서 하나님을 만나는 방식입니다.

광야의 기도

믿음의 광야길을 걷고 있으니 주께서 우리와 함께하심을 믿고 그분의 인도와 격려 가운데 주어진 길을 끝까지 갈 수 있도록 기도합시다.

그들이 광야를 바라보니

출애굽기 16장 10절

아론이 이스라엘 자손의 온 회중에게 말하매
그들이 광야를 바라보니 여호와의 영광이 구름 속에 나타나더라

애굽을 떠나 광야로 들어온 이스라엘 자손은 지극한 광야의 현실을 마주하게 되었습니다. 광야는 당장에 인간이 필요로 하는 의식주衣食住를 해결하기가 쉽지 않은 곳이었습니다. 한동안은 애굽에서 가지고 나온 음식과 물로 버틸 수 있었습니다. 그러나 그것은 오래가지 않았습니다. 그들은 먹을 것과 마실 것이 필요해졌습니다. 그러나 어디에서도 먹을 것과 마실 것을 구할 수 없었습니다. 누군가에게서 그것들을 구하려 해도 광야는 사람의 흔적을 찾을 수 없는 곳이었습니다. 그렇다고 광야에 풍성한 숲이나 개울이 있어서 먹을 것을 채집하거나 수렵할 수 있는 상황도 아니었습니다. 광야는 메마른 땅, 비가 적어 물이 부족하고 식물이 없어 동물들도 깃들기 어려운 곳이었습니다. 홍해를 건너온 이후 줄곧 걸어온 광야길은 점점 그들을 지치게 했습니다. 그들은 결국 불평했습니다. 애굽 땅에서, 바로 아래서 종살이를 할지라도 이렇게 굶주리고 목말랐던 적은 없었다고 소리쳤습니다.출 16:2-3

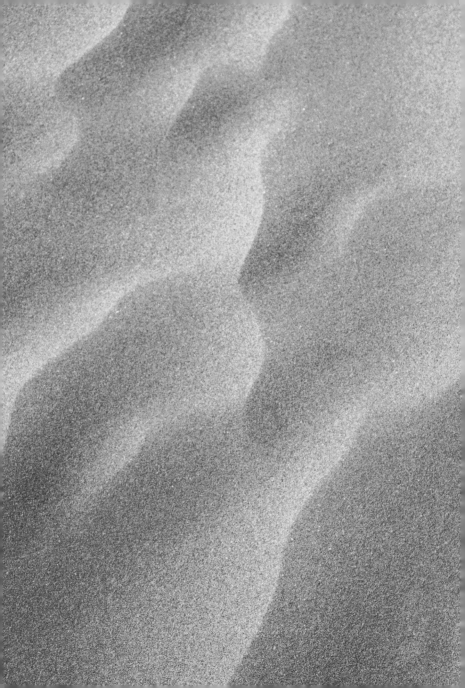

13

사막의 교부들과 함께
묵상하기

광야 기도자들의 영적인 아버지 아르세니우스
Arsenius가 어느 날 함께 기도하는 사람들에게 이렇
게 말했습니다. "우리가 하나님을 찾으면 하나님
께서는 당신 자체를 우리에게 보여주실 것입니다.
마찬가지로 우리가 하나님을 가까이하려 하면 하
나님께서는 우리와 가까이 계시며 우리와 함께하
실 것입니다."

하나님께서는 당신의 백성 이스라엘이 광야의 주어진 현실에 안주하기보다 하나님과 그리고 하나님께서 만들어가시는 현실을 바라보기를 바랐습니다. 하나님께서는 긍휼을 품으시고 모세와 아론에게 만나와 메추라기를 내려 주시리라 약속하셨습니다. 그리고 그것을 이스라엘 자손에게 전하라고 말씀하셨습니다. 하나님의 말씀은 아론이 전했습니다. 아론이 그가 들은 하나님의 말씀을 전하자 이스라엘 자손은 일제히 고개를 들어 "광야를" 바라보았습니다.출 16:10 그들은 거기 광야에서 하나님의 영광이 그들과 동행하는 구름 가운데 충만하게 나타나신 것을 보았습니다. 이스라엘 자손은 그들이 겪고 있는 광야의 현실 위에 임재하시고 거기서 일하시는 하나님을 보았고 만났습니다. 우리에게 주어진 현실은 중요하지 않습니다. 중요한 것은 그 현실 가운데 임재하셔서 우리를 위해 새로운 현실을 일구시는 하나님을 마주하고 바라보는 것입니다. 세상으로 향하는 길이 아닌 광야의 길에서야 우리 하나님을 만날 수 있습니다.

광야의 기도

광야의 길 위에 서서 다른 누구보다 하나님께서 우리의 인도자 되어 주시며, 우리의 문제를 해결해 주는 주권자가 되어 주시기를 간절히 구해 봅시다.

광야길을 걷게 하신 것

신명기 8장 2절

네 하나님 여호와께서 이 사십 년 동안에
네게 광야 길을 걷게 하신 것을 기억하라
이는 너를 낮추시며 너를 시험하사 네 마음이 어떠한지
그 명령을 지키는지 지키지 않는지 알려 하심이라

이스라엘 자손은 출애굽을 한 후 광야에서 40여 년의 세월을 보냈습니다. 지리를 아는 사람이라면 애굽에서 가나안이 그렇게까지 멀지 않다는 것을 쉽게 알 수 있습니다. 그러나 이스라엘 자손은 하나님의 인도하심을 따라 '해안길'을 통해 바로 가나안으로 가지 않고, 홍해를 따라 광야로 들어서 거기서 40년을 보냈습니다.출 13:18 이스라엘 자손이 보낸 광야의 세월은 길고 고단한 시간이었습니다. 그곳에서 그들은 오직 하나님께서 주시는 만나와 메추라기 그리고 샘물만으로 연명해야 했습니다. 무엇보다 그들은 거기서 하나님께서 말씀하시는 계명을 따라 사는 법을 훈련해야 했습니다. 그들은 결국 하나님을 향해 꾸준히 불만을 토로하고, 불순종하고, 그리고 애굽으로 돌아가고 싶다는 말들을 뱉었습니다. 그러나 하나님께서는 그런 모난 돌 같은 이스라엘 자손을 버리지 않으셨습니다. 하나님께서는 하루도 빠짐없이 신실하게 그들을 품으시고 인도하시며 먹을 것과 쉴 곳을 주셨습니다. 그리고 그들을 일깨워 가르치셨습니다.

14

사막의 교부들과 함께
묵상하기

바르사누피우스Barsanuphius와 함께 기도하던 젊
은 기도자가 어느 날 늙은이에게 물었습니다. "스
승님, 아버지, 그리고 나를 인도하시는 분이시여,
분노하지 마시고 인내심을 가지고 내가 드리는
우매한 질문에 답을 해 주십시오." 그러자 '늙은
이'라 불리는 바르사누피우스가 젊은이에게 대답
했습니다. "젊은 형제여, 먼저 이것을 마음에 새겨
두기 바랍니다. 나는 당신의 영적인 아버지이며
나는 당신의 스승이고 안내자입니다. 그런데 내가
형제에게 화를 낼 이유가 무엇입니까? 아버지는
아들에게 궁휼을 품지 화를 품지 않습니다. 스승
은 분노하는 것을 낮설게 여기고 제자에 대해 오
랫동안 인내하는 사람입니다."

하나님께서는 40년을 한결같이 이스라엘 자손과 동행하셨습니다. 하나님께서는 40년을 변함없이 먹을 것과 입을 것, 쉴 곳을 마련해 주셨습니다. 그리고 꾸준히 그들을 깨우치시고 가르치시고 성장하게 하셨습니다. 하나님께서는 이스라엘이 우상 숭배에 빠져 있던 날에도 그 백성 가운데 기거하실 장막 만드는 일을 구상하셨습니다.출 31:1-5 하나님께서는 이스라엘이 애굽 땅의 고기와 술을 추억하며 만나를 내던지던 날에도 그들에게 만나와 메추라기를 내려 주셨습니다.민 11:9 하나님께서는 이스라엘 자손이 이방의 삶에 빠져들 때도 하나님 백성의 길을 열어주셨습니다.민 26:1-2 우리는 모두 이스라엘 자손과 같아서 광야의 물리적 현실만 바라봅니다. 그리고 그 사이사이를 불평과 불순종으로 채웁니다. 그러나 하나님께서는 그 곳 광야에서 우리가 자라고, 우리가 온전하게 되며, 우리가 하나님 안에서 풍성하게 되는 길을 여셨습니다. 광야에서 우리가 마주하는 하나님은 너무도 신실하셔서 경외감을 품게 하는 하나님이십니다.

광야의 기도

늘 한결같으신 하나님께서 우리의 광야길에 찾아와 주시고 우리와 동행하셔서 우리가 늘 평안하게 신앙의 길을 갈 수 있도록 기도합시다.

내 영혼이 주를 갈망하며

시편 63편 1절

하나님이여 주는 나의 하나님이시라
내가 간절히 주를 찾되 물이 없어 마르고 황폐한 땅에서
내 영혼이 주를 갈망하며 내 육체가 주를 앙모하나이다

다윗은 평생에 광야의 길을 벗처럼 여기고 살았습니다. 그는 어린 시절 목동으로 양들과 염소들과 함께 들판과 광야에서 지냈습니다.삼상 16:11,19 그는 훗날 사울에게 쫓겨 도망할 때도 들판과 광야의 동굴과 협곡에서 숨어 지냈습니다.삼상 23:14,19,24 그는 유다 광야에 있는 엔게디 깊은 골짜기에 숨어 있기도 하고,삼상 24:1 저 멀리 남쪽 바란 광야까지 도망쳐 거기 숨어 지내기도 했습니다.삼상 25:1 그런데 다윗의 광야길은 그것이 전부가 아니었습니다. 그는 왕이 된 후에도 또 한 번 광야로 길을 나서야 했습니다. 아들 압살롬이 반란을 일으켰을 때입니다. 그때 그는 사울을 피해 다니던 시절보다 더 비통한 마음으로 예루살렘을 떠나 기드론 골짜기를 건너고 감람산을 넘어 광야로 들어갔습니다.삼하 15:23,30 그때 그의 광야길은 거기 유다 광야에서 끝나지 않았습니다. 그는 심지어 요단강 건너편으로까지 피신해야 했습니다.삼하 17:24 그 시절 비통함에 빠진 다윗은 다시 광야의 하나님을 찾아야 했습니다.

15

사막의 교부들과 함께 묵상하기

늘 기도하며 하나님의 진리를 구하는 팔라디우스Paladius는 그를 찾아오는 구도자들에게 이렇게 가르쳤습니다. "하나님의 뜻을 따라 사는 사람은 잘 모르는 것이 있을 때는 성실히 배워야 합니다. 혹은 자신이 알고 깨달은 것을 사람들에게 내어 놓고 그것을 가르쳐야 합니다. 그런데 그 어느 것도 하기를 원하지 않는 영혼은 곧 무너지고 파괴될 것입니다. 하나님으로부터 멀어지는 사람들은 배우기를 싫어하는 사람들입니다. 그들은 하나님에 대한 갈망, 그 목마름을 잃어버린 사람들입니다."

시편의 다윗의 노래들 가운데 특히 63편은 그가 광야를 경험하던 때에 지은 것이라고 말합니다. 아마도 이 시편은 다윗이 압살롬에게 쫓기던 사무엘하 16장의 상황에 지은 것으로 보입니다. 그는 지금 사랑하는 아들과 충성스러운 부하에게 배신당하고 백성에게도 멸시당하는 처지가 되었습니다. 그는 예전에 그가 자비를 베풀었던 이에게 공격받고 있습니다. 그가 어려운 처지에 빠졌다는 소식이 전해지자 그를 미워하던 이들이 복수를 위해 모여들고 있습니다. 그는 척박하여 물도 없고, 황폐하여 아무것도 자랄 수 없는 땅, 광야에 다시 섰습니다. 그러나 그는 그런 현실에서 하나님을 찾았습니다. 그는 물을 얻을만하지 않은 곳에서, 생명을 기대할 수 없는 현실에서, 세상 모든 것의 근원이신 하나님을 구하고 있습니다.시 63:3-4 삶의 현실이 광야와 같다고 여겨질 때, 어디서도 생명을 부지할 수단과 자원을 얻을 수 없게 되었다고 여겨질 때, 그 광야에서 우리는 하나님을 만나고 그분의 은혜를 경험합니다.

광야의 기도
광야의 척박하고 삭막한 길이라도 그곳에 하나님이 계심을 확신하며 늘 하나님을 구하고 하나님과 동행하기를 위해 기도합시다.

광야로 들어가 하룻길쯤 가서

열왕기상 19장 4절

자기 자신은 광야로 들어가 하룻길쯤 가서 한 로뎀 나무 아래에 앉아서
자기가 죽기를 원하여 이르되 여호와여 넉넉하오니
지금 내 생명을 거두시옵소서 나는 내 조상들보다 낫지 못하니이다 하고

엘리야는 승승장구하던 사람이었습니다. 그는 길르앗의 디셉이라는 작은 마을에 살던 무명의 사람이었으나 하나님의 부르심으로 사마리아 아합의 궁전으로 가서, 거기서 담대하게 하나님의 말씀을 전했습니다.왕상 17:1 그의 한 마디에 유다와 이스라엘 전체는 큰 가뭄에 빠져들었습니다. 그리고 그의 행동 하나에 하늘 문이 열리고 비가 내리기도 했습니다.왕상 18:42~44 그는 8백 명이 넘는 우상 숭배자 앞에서 굴하지 않고 흔들림 없이 하나님의 뜻을 펼쳤습니다.왕상 18:19~40 그는 두려움 없이 당당한 사람이었습니다. 그는 세상 권세자 앞에서도 굽힘이 없는 사람이었습니다. 그런데 그때 아합의 왕비 이세벨이 그의 당당함을 가로막아 섰습니다. 이세벨은 분노에 찬 목소리로 "내가 내일 이맘때에는 반드시 네 생명을 저 사람들 중 한 사람의 생명과 같게 하리라"라고 외쳤습니다.왕상 19:2 엘리야는 이세벨의 이 한마디에 기가 꺾이고 말았습니다. 그는 남쪽으로 도망쳤습니다. 그리고 광야로 숨어들었습니다.

16

사막의 교부들과 함께
묵상하기

한 수도원의 나이 많은 기도자가 거기 젊은 수
도자 한 사람이 무엇을 해야 할지 알지 못하는 번
민에 빠진 것을 발견했습니다. 늙은이는 젊은 수
도자에게 이렇게 말했습니다. "아무것도 생각하
지 말고 가서 먹고 마시고 잠에 빠지십시오. 단,
당신의 기도굴을 벗어나지 마십시오." 젊은 수도
자는 늙은이의 말에 순종했습니다. 그는 자기 기
도굴에서 바구니를 만들고, 만들다 지치면 먹고,
그러라 졸리면 잠에 빠졌습니다. 그렇게 어느 정
도의 시간이 지난 뒤 젊은 수도자는 자신의 먹고
마시고 일하고 자는 일상에 성경을 읽는 일과 시
편으로 찬양하는 일을 추가했습니다. 그렇게 기
도까지 추가되어 마음이 안정되자 젊은 수도자는
깨달았습니다. "이렇게 하나님의 도우심으로 한
걸음씩 한 걸음씩 앞으로 나아가는 것이구나."

엘리야는 비겁한 자의 모습으로 브엘세바Beer-sheba 광야로 들어갔습니다. 그는 광야길을 하루쯤 걸어가다가 사람이 들어가지도 못할 만큼 작은 로뎀나무 아래에 머리를 들이밀었습니다. 그는 거기서 죽기를 바랐습니다. 그는 자기는 기력이 쇠하였고, 더는 할 수 있는 일이 없으니 차라리 죽여달라고 하나님께 탄원했습니다.왕상 19:4 하나님께서는 로뎀나무 아래 타조처럼 머리만 들이민 채 비굴하게 있는 엘리야에게 오셨습니다. 그리고 조막만 한 그늘 밑에 지쳐 누워있는 엘리야에게 먹을 것과 마실 것을 주셨습니다. 하나님께서는 브엘세바 광야에서 엘리야에게 오직 한 가지씩의 말과 행동만 보이셨습니다. 그를 '어루만져 주시고', "일어나 먹으라"라고 말씀하셨습니다.왕상 19:5,7 브엘세바 광야에서 엘리야를 만나신 하나님은 각별합니다. 그분은 폭풍처럼 몰아치고, 번개처럼 번득이며, 풀무불처럼 활활 타오르는 분이 아니셨습니다. 그분은 조용히 옆에 앉아 당신의 사람을 회복하게 하시는 하나님이셨습니다.

광야의 기도

우리가 걷는 길에서 지치고 낙심했을 때 우리를 회복시켜주시는 하나님의 손길을 기억합시다. 그분의 신실한 돌봄만이 우리를 원래의 자리로 돌아가게 할 수 있습니다.

물러가사 한적한 곳에서

누가복음 5장 16절

예수는 물러가사 한적한 곳에서 기도하시니라

　　예수님께서 이 땅에 오셔서 살고 사역하신 모습 가운데 멋진 모습 한 가지는 바로 '한적한 곳' 혹은 '빈 들'a secluded place에서 기도하신 것입니다. 예수님께서는 갈릴리에서 사역하시던 사이사이에 사람들을 떠나 '빈 들'로 그리고 '한적한 곳'으로 가셨습니다.막 1:45 그리고 거기서 홀로 계셨습니다.눅 4:42 갈릴리 북동쪽의 벳세다 일대는 예수님께서 한적하게 계시기 좋은 곳이었습니다. 예수님께서 한적한 기도 장소를 찾으신 것은 갈릴리에서만이 아니었습니다. 예수님께서는 유대 지경, 예루살렘에서도 기도하기 위해 '한적한 곳'을 찾으셨습니다. 감람산 아래 겟세마네Gethsemane가 바로 그런 곳이었습니다.요 18:1-2 예수님께서 한적한 곳으로 가신 것은 쉬려는 이유도 있었습니다. 그러나 무엇보다 예수님께서는 기도하며 하나님의 말씀을 듣기 위해 한적한 곳을 찾으셨습니다. 예수님께서는 쉼의 시간, 기도의 시간을 가지며 당신의 사역이 하나님의 뜻과 동행하도록 하셨습니다.

17

사막의 교부들과 함께
묵상하기

|

　나일강 동쪽의 광야 산에서 기도하던 안토니우스Antonius에게 그 지역을 방어하는 군대 사령관이 "와서 군사들에게 좋은 이야기를 좀 해 달라"고 부탁해 왔습니다. 안토니우스는 군대 주둔지로 가서 병사들 앞에 섰습니다. 그리고 "그리스도의 구원을 얻으라"는 말과 "가난한 이들의 필요를 채우라"는 매우 간단한 메시지를 전했습니다. 그리고 황급히 그 자리를 떠나려 했습니다. 그러자 그 사령관이 안토니우스를 손을 잡고 며칠 머물다 가기를 청했습니다. 안토니우스는 그 사령관에게 이렇게 말했습니다. "물고기가 물을 떠나 물을 잃으면 곧 죽게 되듯이 수도자가 기도의 자리를 오래 떠나면 그 내면에 있어야 할 영적인 것들을 잃게 되고, 그는 곧 죽게 됩니다. 그러니 나는 여기 오래 머물러 있을 수 없습니다."

누가는 예수님께서 한적한 곳을 찾아 "물러가셨다"고 말합니다.눅 5:16 우리는 이 '물러선다'retreat는 말을 '전장에서 후퇴한다든지', '어떤 경쟁에서 패해 뒤에 서게' 될 때 사용합니다. 사실 성경이 특히 복음서가 말하는 예수님의 '물러섬'은 이런 식의 경쟁과 싸움을 앞세우는 세상에 어울리는 단어가 아닙니다. 성경의 '물러섬'은 자기를 돌아보기 위한 '성찰의 물러섬'과 하나님을 바라보고 하나님의 뜻을 헤아리기 위한 '기도의 물러섬'을 말하는 것입니다. 우리는 모세의 미디안 광야나 다윗의 광야 도피, 혹은 바울의 아라비아 광야 여행갈 1:17을 이런 식의 성경적인 '물러섬'으로 이해해야 합니다. 그리고 예수님을 포함한 성경의 물러선 사람들 모두가 그런 식의 퇴각을 통해 하나님을 경험하고 하나님과 발걸음을 맞추었다는 것을 알아야 합니다. 하나님께서 우리를 물러서게 하시는 것은 패배를 의미하지 않습니다. 하나님께서는 우리가 잠시라도 광야로 물러서, 거기서 하나님을 만나기를 바라십니다.

광야의 기도

광야의 길 가운데서 기도의 마음과 기도의 시간, 기도의 자리를 잊지 않기 위해 노력해야 합니다. 우리의 기도를 붙들어 지키시는 성령을 구하는 기도를 드립시다.

일어나서 남쪽을 향하여

사도행전 8장 26절

주의 사자가 빌립에게 말하여 이르되 일어나서 남쪽으로 향하여
예루살렘에서 가사로 내려가는 길까지 가라 하니 그 길은 광야라

초대교회는 예루살렘을 넘어서 당대 세상 곳곳에 복음을 전하며
퍼져 나아갔습니다.행 8:1-3 집사 빌립은 사마리아에서 사역했는데, 그
가 사역을 마무리할 즈음 하나님의 성령께서는 빌립을 남쪽 광야로
인도했습니다.행 8:26 흥미롭게도 빌립이 내려간 그 남방 광야Negeb는
아무도 없는 빈 땅이 아니었습니다. 거기 광야에는 에티오피아 여왕
간다게Candace 밑에서 시종내관으로 있는 한 사람이 수레를 타고 고향
으로 내려가고 있었습니다. 그는 원래 하나님과 성경에 관해 관심이
아주 많았습니다. 그는 예루살렘에 올라가 하나님께 예배하는 일에
참여하기도 했습니다. 그러나 아무도 그에게 하나님과 하나님이 하
시는 일에 대해 제대로 가르쳐 주는 사람이 없었습니다. 그는 고향으
로 돌아가는 광야길에서 성경 이사야서를 읽었습니다. 그가 읽던 이
사야서 53장의 '고난받는 어린양 이야기'사 53:7는 알 수 없는 난해한
암호 코드와 같은 것이었습니다. 그는 광야길에서 그만 길을 잃고 말
았습니다.

18

사막의 교부들과 함께
묵상하기

아타나시우스Athanasius가 사막 수도원에 숨어 지낼
때 그에게는 성경이 포함된 책이 하나 있었습니다. 그
책은 18펜스의 값이 나가는 책이었습니다. 그런데 어
느 날 한 젊은이가 그에게 들러 책을 훔쳤습니다. 아
타나시우스는 책이 없음을 알고 그가 가져갔다고 여
겼습니다. 한편 젊은이는 그 책을 16펜스에 상인에게
팔려고 했습니다. 상인은 젊은이에게 책을 잠시 얻어
아타나시우스에게 가져가 그것이 16펜스의 값어치
가 있는지 물었습니다. 그러자 아타나시우스는 모른
척 훌륭한 책이라 말했습니다. 상인은 돌아와 고결한
아타나시우스에게 감정을 받았다고 말하고 책을 16
펜스에 사겠다고 했습니다. 청년은 놀랐습니다. 그는
황급히 그 책을 가지고 아타나시우스에게로 돌아갔
습니다. 아타나시우스는 책을 들고 온 청년에게 말했
습니다. "그 책을 가지십시오. 대신, 기도하며 그 책을
읽고 그 책이 가진 가치를 찾으십시오."

에티오피아의 시종 내관은 남방 광야에서 빌립을 통해 참 하나님을 만났습니다. 하나님의 성령께서 광야에서 길을 잃고 헤매던 그 사람에게 빌립을 보내셔서 하나님의 세상을 구원하시는 놀라운 사랑과 은혜를 깨닫게 하신 것입니다. 빌립을 통해 하나님의 깊은 사랑을 알게 된 그 시종 내관은 곧 빌립이 가르친 예수의 이름으로 세례 받기를 청했습니다. 그러자 빌립은 그를 가까운 물가로 데려가 거기서 예수의 이름으로 세례를 베풀었습니다.^{행 8:36-38} 에티오피아의 시종 내관에게 예루살렘을 다녀오는 광야의 길은 확신을 원했으나 혼돈만 가득한 길이었습니다. 깨달음의 빛이 비치기를 바랐으나 무지의 어두움이 지배하는 길이었습니다. 그러나 하나님께서는 혼돈의 광야에서 그를 만나 주셨습니다. 그리고 그에게 예수의 영으로 충만한 삶을 열어 주셨습니다. 때때로 광야의 길은 무지와 혼란의 길입니다. 그러나 하나님의 영과 함께 하시면 거기야말로 하나님을 만나고 체험하며 영생과 구원으로 향한 길이 열리는 곳입니다.

광야의 기도

외로운 광야길에서 진리와 지혜에 대한 혼란을 경험하고 있다면 하나님께 기도합시다. 하나님께서 당신의 흔들림없는 진리와 지혜를 우리에게 부어주실 것입니다.

들으니 소리 있어 이르되

사도행전 22장 7절

내가 땅에 엎드러져 들으니 소리 있어 이르되 사울아 사울아
네가 왜 나를 박해하느냐 하시거늘

바울은 예수를 믿는 사람들을 잡아들이고 박해하던 사람이었습니다. 그는 스데반 집사의 처형을 합당하다고 여기고, 예수 믿는 사람 핍박하기를 사명으로 품었습니다.^{행 8:1-3} 그는 그 일에 꽤 열심이었습니다. 그는 곳곳에서 예수 믿는 사람들을 잡아들였고 그들을 옥에 가두고 심문했습니다.^{행 26:9-12} 그러나 하나님께서는 바울에게 전혀 다른 계획을 가지고 계셨습니다. 그가 유대와 갈릴리 지경 밖에 있는 예수 믿는 사람들을 잡아들이려는 계획의 일환으로 다메섹에 갈 때 거기서 하나님은 당신의 사람으로 사로잡아 버리신 것입니다. 그때 사울이라 불리던 바울은 강한 빛이 자기를 두르는 것을 느끼며 놀라 그 자리에서 쓰러지고 말았습니다.^{행 22:6-7, 9:3-4, 26:13-14} 그는 거기서 그의 치부를 찌르는 예수님의 말씀을 듣게 됩니다. "네가 어찌하여 나를 박해하느냐 가시채_{goads}를 뒷발질하기가 네게 고생이니라"^{행 26:14} 거기서 바울은 예수의 음성을 듣고 예수님을 만나 이전과는 다른 변화의 길로 나아가게 됩니다.

19

사막의 교부들과 함께
묵상하기

|

수도자 '난쟁이' 요한John the Dewarf이 어느 날 회심에 대해 이렇게 말했습니다. "어느 도시에 남편을 여럿 둔 유명한 창녀가 있었습니다. 그런데 그 도시의 통치자가 그녀에게 와서 마음을 고쳐먹고 창녀의 일을 하지 않겠다고 약속하면 데려가 결혼해 주겠다고 말했습니다. 창녀는 통치자에게 그러겠다고 약속했습니다. 그렇게 통치자는 그녀를 자기 집 안방으로 데려갔습니다. 그런데 그녀의 남편이라는 사람들은 그 일을 좋지 않게 생각했습니다. 그들은 통치자가 두려워 그녀의 방 창문 아래 몰래 가서 휘파람을 불며 그녀를 유혹했습니다. 그러나 그녀의 결심은 굳건했습니다. 그녀는 창문을 닫고 귀를 막고서 그들의 소리를 듣지 않았습니다. 여러분, 회심이라는 것은 대저 이러합니다. 창녀는 우리의 영혼이고, 그녀의 남편들은 마귀와 다른 사람들의 정념이며, 통치자는 그리스도이고, 통치자의 안방은 우리의 영원한 거처이고, 휘파람은 마귀의 유혹입니다. 이 창녀처럼 여러분의 회심을 굳건히 지키십시오."

바울은 다메섹으로 가는 길에서, 자기만의 열정의 길에서 돌이켜 예수님을 향한 참된 길을 경험했습니다. 바울은 확신으로 하는 모든 것에 열정을 품은 사람이었습니다. 그는 예수를 대적하고 그의 추종자들을 잡아들이는 일에 꽤 열심이었습니다. 그는 다메섹의 유대인 가운데 예수 추종자들을 잡아들이기 위해 자기와 파벌이 다른 대제사장을 설득하고 그에게서 권한을 위임받는 일조차 주저하지 않았습니다.행 9:1-2, 26:10 확실히 그의 다메섹으로 가는 길은 열정 가득한 길이었습니다. 그러나 예수 그리스도께서는 그 다메섹 길 한 가운데서 그에게 정면으로 도전하셨습니다. 예수님께서는 바울이 가진 열정의 빛의 세기가 예수님의 복음의 빛보다 못하다는 것을 드러내셨습니다. 그리고 그가 하는 모든 일이 '쓸모없는 고생'이라는 것을 일깨우셨습니다. 예수님께서는 바울의 잘못된 열정의 행진을 돌이키시고, 당신의 십자가를 향한 바른 길로 인도하셨습니다. 바울의 광야길은 그래서 예수를 만나 회심하는 길이 되었습니다.

광야의 기도

우리의 자만 가득한 광야길에서 만난 주님을 따라 평생 주님만을 위해 살아가기 위해 함께 기도합시다.

밧모라 하는 섬에 있었더니

요한계시록 1장 9절

나 요한은 너희 형제요 예수의 환난과 나라와 참음에 동참하는 자라
하나님의 말씀과 예수를 증언하였음으로 말미암아
밧모라 하는 섬에 있었더니

요한은 예수님의 제자 가운데 가장 오래 산 사람입니다. 다른 제자들이 모두 주후 60~70년 사이 순교할 때 그는 살아남아서 에베소와 소아시아 여러 교회들을 돌보는 사역을 감당했습니다. 그렇다고 그가 고난을 겪지 않은 것은 아니었습니다. 그는 도미티아누스 황제 시절 에베소에서 체포되어 고난받다가 밧모Patmos 라고 불리는 섬에 유배되었습니다. 그는 그곳 황제를 위한 은광산에 보내져 거기서 죽을 때까지 노역하는 형벌을 받게 되었습니다. 그런데 거기서 그는 놀라운 일을 합니다. 그는 광산에서 고통스러운 노역에 시달리는 가운데에도 하나님께서 보여주시는 환상을 보았습니다. 그가 본 것은 세상의 마지막 날들과 예수님의 다시 오심 그리고 새 예루살렘으로 표현된 하나님 나라에 관한 것이었습니다. 그는 거기 밧모섬에서 그가 본 환상을 모두 기록으로 남겼습니다.계 1:19 그렇게 남겨진 책이 바로 '요한계시록'입니다. 그는 말하자면 낮에는 일을 하고 밤에는 환상을 보며 성경을 기록한 것입니다.

20
사막의 교부들과 함께 묵상하기

거룩한 사막의 교부들이 모여 마지막 시대의 일들에 관해 이야기를 나누었습니다. 그들 가운데 한 교부가 말했습니다. "적어도 우리 세대는 하나님 앞에서 온전합니다." 그러자 다른 교부들이 그에게 물었습니다. "그럼 우리 다음 세대는 어떻게 될까요?" 그가 대답했습니다. "그들은 우리보다 못해 하나님의 계명을 지키지 않을 것입니다." 교부들은 한숨을 쉬었습니다. 그리고 다시 물었습니다. "그럼 그다음 세대는요?" "그다음 세대는 하나님의 말씀과 계명을 아예 모르게 될 것입니다." 그리고 그 교부가 말을 이었습니다. "그러면 세상에는 악이 가득하게 되고 그렇게 세상에는 종말이 올 것입니다. 그렇게 되면 그들은 무서운 시련을 겪을 것입니다. 그런데 그들 가운데 시련을 믿음으로 이긴 사람들이 있을 것입니다. 그러면 그들은 하나님 앞에 온전하게 서게 될 것이고, 그들은 우리보다 훌륭한 사람들일 것입니다."

요한의 밧모섬 생활은 척박한 유배지에서 하나님을 만나고 경험한 모범입니다. 그는 바벨론에 포로된 다니엘이 환상 가운데 세상 왕들의 운명과 세상의 미래를 기록해 남긴 것과 같이, 로마 황제의 포로가 되어 노역하며 거기서 하나님의 세상 끝날에 관한 계획을 보았습니다. 요한은 다니엘의 친구들이 풀무불 속에서 하나님을 만났듯,단 3:24-25 밧모의 동굴에서 하나님을 만나고 하나님과 동행했습니다. 그는 다니엘이 세상의 끝에 관한 여러 묵시적 환상들을 그 각각의 설명들과 함께 보고 이해했던 것처럼,단 7:15-16 하늘의 사람들에게서 그가 본 환상의 의미를 듣고 이해하게 됩니다.계 7:13-14 요한은 결국 그의 광야, 밧모섬에서 고난과 고통만 겪은 것이 아니었습니다. 그는 거기서 하나님을 만났고, 하나님께서 어린양 예수 그리스도를 통해 이루실 종국의 미래를 보았습니다.계 5:7, 7:10, 21:14 그에게 광야는 종말의 하나님을 만나는 곳이었으며 그가 평생을 믿고 따랐던 어린양 예수의 승리를 확신하는 시간이었습니다.

광야의 기도

광야의 길을 걷는 가운데 우리 신앙이 더욱 굳건해져서 종말의 때에 하나님께서 기쁘게 맞아들이는 영혼이 되기 위해 기도합시다.

Forty day Meditations for Spiritual Pilgrims

형제 자매와 함께 가는 길

듣는 자가 다 나와 함께

창세기 21장 6절

사라가 이르되 하나님이 나를 웃게 하시니
듣는 자가 다 나와 함께 웃으리로다

아브라함의 광야길을 동행하던 사라에게는 정작 자기 동반자인 자녀가 없었습니다.창 11:30 그녀는 그 길 내내 자식 없는 슬픔을 안고 살아야 했습니다. 동일한 슬픔을 겪은 한나Hanna, 삼상 1:11의 눈물샘 근원에는 사라의 눈물이 뿌려져 있었을 것입니다. 그런 사라에게 하나님께서는 곧 자식을 얻게 되리라는 소식을 들려주셨습니다. 사라는 그 이야기를 들으며 장막 뒤에서 웃었습니다.창 18:12 사실 아브라함도 구십세가 다된 사라가 아들을 낳으리라고는 생각하지 않았습니다. 그래서 그도 역시 하나님의 말씀을 들으며 속으로 웃었습니다.창 17:17 그러나 하나님께서는 신실하셨습니다. 아브라함과 사라는 각각 백 세와 구십 세가 되던 해에 아들 이삭을 얻었습니다. 사라로서는 놀랍고 감사한 일이 아닐 수 없었습니다. 그러나 한편으로 웃음이 나오는 일이기도 했습니다. 그녀는 그래서 아들 이삭을 품에 안고서 이렇게 말했습니다. "하나님이 나를 웃게 하시니 듣는 자가 다 나와 함께 웃으리로다."창 21:6

21

사막의 교부들과 함께
묵상하기

인근 공동체 수도원에서 여러 가지 고된 노동을 하다가 큰 돌에 발을 다쳐 고생하는 형제에게 기도굴에서 지내던 바르사누피우스Barsanuphius가 편지를 보냈습니다. "나의 사랑하는 형제 요한, 주 안에서 항상 기쁨을 간직하십시오. 우리 수도원의 유익을 위해 일하다가 다친 그대의 육신으로 인해 하나님께서 하늘의 복으로 당신의 영혼을 채워주시기를 간구합니다. 하나님의 뜻을 위해 무너진 당신의 영혼으로 인해 우리 모두의 주인이신 하늘 하나님께서 하늘의 복으로 당신의 영혼을 채워주시기를 간구합니다. 나의 사랑하는 형제여, 이것을 잘 간직하십시오. 나는 당신이 하늘로부터 주어지는 큰 기쁨을 누리게 되기를 바랍니다. 성삼위 하나님의 이름으로 나는 당신이 내가 누리는 것과 동일한 하늘의 상급을 누리게 되리라는 것을 확신합니다."

성경은 자식 없는 슬픈 현실을 살아간 이들의 이야기로 가득합니다. 사라가 그랬고, 리브가도 그랬으며창 25:21 라헬도 그랬으며창 29:31 한나 역시 그랬습니다. 유다의 며느리 다말Tamar의 이야기도 사실 빼놓을 수 없는 슬픈 이야기입니다.창 38:24-26 그들은 하나님께서 이끄시는 광야의 길을 눈물로 걸었습니다. 그러나 하나님께서는 그들의 길을 눈물과 슬픔의 길로만 두지 않으셨습니다. 리브가와 라헬에게는 각각 두 아들을 주셨고, 한나에게는 사무엘을 주셨고, 그리고 다말에게도 베레스와 세라를 주셨습니다. 하나님께서는 부름받은 광야의 길을 걷는 이들이 홀로 걷는 슬픔을 넘어서게 하시고, 사랑하는 이들과 함께 길을 걷는 복을 주십니다. 광야의 길이 홀로 걷는 고난의 길이라고 여긴다면, 그것은 하나님의 진정한 광야길을 전부 걸어보지 않은 것입니다. 하나님께서 여시는 믿음의 광야길에는 사랑하는 이들의 동행이 있습니다. 그 길은 사라의 말대로 "다 나와 함께 웃는" 기쁨과 감사의 길입니다.

광야의 기도

함께 광야의 길을 가는 형제와 자매의 아픔과 슬픔, 특히 그들의 결실 없이 수고하는 모든 헌신을 위해 기도합시다. 하늘 하나님께서 그들의 삶과 사역에 부흥을 허락하시기를 위해 기도합시다.

묵상하다가 눈을 들어 보매

창세기 24장 63절

이삭이 저물 때에 들에 나가 묵상하다가
눈을 들어 보매 낙타들이 오는지라

이삭은 그 이름의 뜻대로 웃음으로 인생을 산 사람입니다. 그는 아버지와 어머니에게 기쁨이었습니다. 그는 그와 함께 거류하는 이들에게도 평안의 안내자였습니다. 그는 자기가 거류하는 땅의 사람들과도 불화하지 않았습니다. 그는 웃으며 갈등의 자리를 피했고, 하나님께서는 그런 그에게 형통의 복을 내리셨습니다.창 26:22 그런데 그의 인생에서 웃음이 사라진 때가 있었습니다. 바로 어머니 사라가 죽었을 때입니다. 외아들 이삭은 어머니의 슬픔이 어려웠습니다. 그는 그래서 아버지의 집 브엘세바를 벗어나 거기서 약 80킬로미터나 남쪽으로 내려간 브엘라헤로이Beer-lahairoi에서 홀로 지냈습니다. 그곳은 오래전 하갈이 하나님의 은혜로 샘을 발견한 곳이었습니다. 이삭은 어머니 없는 시간을 거기 들판에서 사막의 수도자들처럼 홀로 묵상하며 보냈습니다.창 24:63 그런데 그가 들판에서 홀로 묵상하고 있을 때 그에게 인생의 동반자가 다가왔습니다. 바로 리브가입니다.

22

사막의 교부들과 함께
묵상하기

팜보Pmbo는 사막의 기도굴에서 침묵하며 기도하는 사람으로 유명했습니다. 어느 날 알렉산드리아의 데오필루스Theophilus of Alexandria가 그를 만나 대화하고 싶어 한다는 소식이 팜보에게 전해졌습니다. 그는 이렇게 말을 전하러 온 수도자에게 짧게 말했습니다. "침묵하는 나를 보는 것으로 나를 이해하지 못한다면, 내가 말한들 무엇을 이해하겠습니까?" 펠루지아의 이시도어Isidore of Pelusia는 그런 팜보의 수도자로서 자세에 크게 감동했습니다. 그는 진정 팜보를 만나 그의 사막 수도 생활을 따르고 싶었습니다. 이시도어는 곧 기도하며 팜보를 찾는 길을 나섰습니다. 그리고 결국 기도하는 가운데 팜보의 기도굴을 찾을 수 있었습니다. 그는 이후 팜보의 침묵 기도처에서 팜보와 함께 기도하며 살았습니다.

이삭은 어머니의 자리를 누군가로 채우려 하기보다 그저 비워두는 쪽을 택했습니다. 그리고 그의 비워진 마음을 홀로 있으며 기도하는 시간으로 채웠습니다. 이삭은 관계와 나눔이 비어 있는 시간, 그 시간을 그는 하나님과의 관계, 하나님과의 나눔의 시간으로 채웠습니다. 그때 하나님께서는 이삭의 마음을 아셨습니다. 그리고 그의 빈 자리를 채울 동반자 리브가를 보내셨습니다. 흥미롭게도 리브가 역시 이삭의 마음을 읽고 있었습니다. 그는 이삭이 광야의 길을 깊은 슬픔과 결핍 가운데 방황하고 있음을 알았습니다.창 24:65 이삭과 리브가는 서로가 하나님께서 불러 가게 하신 광야의 길을 함께 걸어갈 동반자인 것을 알아보았습니다. 광야의 길에 홀로 있을 때 빈자리, 빈 마음을 채우려는 욕망에 사로잡힐 수 있습니다. 그러나 우리가 서 있는 곳이 하나님의 광야라면, 차라리 빈 자리를 그대로 두어야 합니다. 그리고 기도해야 합니다. 우리의 빈 자리, 우리의 빈 마음은 하나님께서 채우십니다.

광야의 기도

우리의 광야길 그 빈자리를 우리의 욕망으로 채우지 않도록 합시다. 우리가 필요한 것, 우리에게 필요한 사람들을 만나고 함께 할 길을 기도로 해결해 봅시다.

남녀 노소와 양과 소를 데리고

출애굽기 10장 9절

모세가 이르되 우리가 여호와 앞에 절기를 지킬 것인즉
우리가 남녀 노소와 양과 소를 데리고 가겠나이다

모세와 아론은 이스라엘 자손을 애굽과 바로에게서 구출하는 사명을 감당하며 바로 앞에 섰습니다. 그들은 바로에게 이렇게 말했습니다. "이스라엘의 하나님 여호와께서...내 백성을 보내라 그러면 그들이 광야에서 내 앞에 절기를 지킬 것이니라 하셨나이다."출 5:1 모세는 하나님께서 당신의 백성이 애굽의 바로를 위해 '노역하는 것'*abad*, work을 그치고 광야로 나와 하나님을 '예배하는 일'*abad*, worship로 나오기를 원한다고 말했습니다. 그러나 바로는 그 말을 듣지 않았습니다. 그래서 결국 하나님께서 내리시는 여러 가지 재앙을 겪게 됩니다. 몇 번 큰 재앙 앞에서 돌이키는 듯했으나 그의 마음은 항상 다시 완악해졌습니다. 사실 이스라엘 자손을 내보낼 생각을 품기도 했습니다. 단, 이스라엘 자손 가운데 장정만 내보내는 조건이었습니다.출 10:11 모세와 아론은 그 조건을 받아들일 수 없었습니다. 하나님께서는 그들의 출애굽과 광야길에 이스라엘 자손 모두를 불러내셨기 때문입니다.

23

사막의 교부들과 함께
묵상하기

　수도자 파스토르Pastor가 함께 기도하는 수도자
들에게 이렇게 말했습니다. "세 명의 수도자가 함
께 살면서 한 사람은 늘 침묵 가운데 기도를 하고,
다른 한 사람은 병이 들었지만, 그것으로도 늘 감
사하는 가운데 시편의 찬양을 드리고, 세 번째 사
람은 진실되고 선한 의지로 두 사람을 돌본다면,
그 세 사람은 마치 한 가지 일을 하는 것처럼 참된
공동체를 이룬 것입니다."

광야의 길은 혼자 걷는 것이 맞다고 생각하는 경우가 있습니다. 실제로도 광야길은 홀로 걸을 때 그 의미가 깊어지기도 합니다. 그런데, 하나님께서는 당신이 예비하신 길, 우리를 불러내시고 만나 주시고 우리에게 은혜를 끼치시는 광야길에 동행하는 동반자를 두시는 경우가 더 많습니다. 아브라함은 사라와 동행했고, 이삭과 야곱 역시 하나님께서 예비해 주신 동반자들, 가족들과 함께 그 길을 걸었습니다. 요셉이야말로 홀로 그 길을 걷는 것 같았으나 결국에 그의 애굽 광야길은 그의 형제들이 함께하는 길이었고, 그들과 함께 번성하는 길이었습니다. 모세와 아론 역시 그랬습니다. 그들은 바로 앞에서 '남자 장정들만의' 광야길을 이야기하지 않았습니다. 그들은 "남녀 노소와 양과 소를 데리고" 함께 걷는 광야길을 요청했습니다. 우리가 걷는 광야의 길은 누구는 두고 누구는 함께하는 선택적 공동체의 길이 아닙니다. 우리가 걷는 광야길은 하나님께서 동행하게 하신 모든 이들이 함께 걷는 길이어야 합니다.

광야의 기도

믿음으로 나서는 광야의 여정이 누군가는 앞서고 누군가는 뒤서는 경쟁이 아니라 하나님의 은혜 가운데 서로 협력하여 선을 이루는 길이 되기를 위해 기도합시다.

그곳을 떠나 아둘람 굴로

사무엘상 22장 1절

그러므로 다윗이 그 곳을 떠나 아둘람 굴로 도망하매
그의 형제와 아버지의 온 집이 듣고 그리로 내려가서 그에게 이르렀고

다윗은 자신을 시기해 미워하기 시작한 사울 왕의 살기를 피해 왕궁을 떠났습니다. 다윗이 먼저 도망친 곳은 놉Nob이었습니다.삼상 21:1 그는 대제사장 아히멜렉에게 도움을 청했습니다. 그러나 거기서는 피할 곳을 얻지 못했습니다. 그렇게 다윗은 이곳저곳을 도망하다가 이스라엘의 대적 블레셋 사람들의 성 가드Gad까지 이르렀습니다. 그러나 이곳에서도 그는 피할 곳을 얻지 못했습니다. 그는 자신을 사로잡으려는 가드 왕 아기스 앞에서 미친 사람처럼 행동해 겨우 화를 면했습니다.삼상 21:12-15 다윗은 사람들 사이에서는 끝내 숨을 곳을 찾지 못했습니다. 아히멜렉에게 갔을 때 그 자리에 있던 사울의 사람 도엑이 가장 큰 걱정거리였습니다. 그는 사울에게 자신을 보았다고 알렸을 것이고 사울은 더욱 힘을 써 자신을 찾으려 들 것입니다. 사울의 등등한 기세에 결국 다윗은 사람들 사이에서 숨을 곳을 얻지 못했습니다. 결국 다윗이 찾은 곳은 아둘람Adulam 근처 여기저기 산재한 미로 같은 석회굴들이었습니다.

24

사막의 교부들과 함께 묵상하기

수도자 포이멘Poemen the Shepherd과 그의 형제 아노웁Anoub은 함께 스테케의 수도원으로 들어와 기도하며 살게 되었습니다. 그런데 아노웁은 그 수도원 마당에 있던 석상의 얼굴에 돌을 던지고 저녁에는 석상 앞에서 "용서하십시오."라는 말을 하기를 반복했습니다. 어느 날 형제 아노웁의 행동이 궁금했던 포이멘이 물었습니다. "형제여, 왜 아침저녁으로 석상의 얼굴에 돌을 던지고 용서를 구하는 말을 반복합니까?" 그러자 형제 아노웁이 대답했습니다. "그것은 우리를 위한 행동이었습니다. 우리가 한 형제로 자랐더라도 이 수도원에서 기도하며 훌륭한 수도자가 되려면 이 석상처럼 행동해야 합니다. 석상은 제아무리 자기 얼굴에 돌을 던져도, 그 얼굴을 향해 용서를 빌어도 얼굴에 변화가 없습니다. 우리에게는 서로에게 이런 신실함이 필요합니다." 형인 포이멘은 동생인 아노웁의 이야기를 듣고 이렇게 말했습니다. "당신이 나의 스승입니다. 이제부터 당신의 말을 따르겠습니다."

아둘람은 말 그대로 '피난처' 혹은 '도피처'를 뜻합니다. 아둘람의 동굴 속에서 다윗은 홀로였습니다. 그는 사울을 떠나 피해 다니던 길에서 점점 사람을 잃어갔을 것입니다. 그와 동행하거나 그를 돕는 것은 위험한 일이었습니다. 요나단도 함께할 수는 없었습니다. 그는 외롭게 되었을 테고 고독하게 되었을 것입니다. 그의 도피 여정은 사람들에게서 멀어지는 길이었습니다. 그러나 다윗은 동굴 속 홀로 남겨진 시간을 기도와 예배로 채웠습니다. 그는 동굴 속에서 시편 57편을 외쳤습니다. "하나님이여 내 마음이 확정되었고 내 마음이 확정되었사오니 내가 노래하고 내가 찬송하리이다."시 57:7 그러자 그의 외로운 동굴은 함께 하나님을 예배하는 사람들로 채워졌습니다. 그에게 가장 도움이 되는 사람들, 그의 사랑하는 형제와 온 가족이 함께하는 공간이 되었습니다. 우리의 광야길을 기도와 찬양, 그리고 예배로 채워야 합니다. 우리의 형제와 자매가 우리 광야길을 예배로 동행합니다.

광야의 기도

우리의 광야의 길이 진정한 찬양과 진정한 기도로 가득하게 되기 위해 기도합시다. 우리 형제와 자매들이 모두 한 마음으로 참 신앙의 승리를 이루기 위해 기도합시다.

그의 식구가 여러 날 먹었으나

열왕기상 17장 15~16절

그가 가서 엘리야의 말대로 하였더니
그와 엘리야와 그의 식구가 여러 날 먹었으나
여호와께서 엘리야를 통하여 하신 말씀 같이
통의 가루가 떨어지지 아니하고 병의 기름이 없어지지 아니하니라

엘리야와 광야 이야기는 흥미롭습니다. 그는 하나님의 은혜로 그리고 함께하는 이들의 기꺼이 동행하는 마음으로 그의 광야 같은 어려운 시간을 넘어설 수 있었습니다. 엘리야는 하나님의 뜻에 따라 기근이 있으리라 선포한 후 줄곧 요단강 동편 그릿Cherith이라 불리는 시내에 가서 숨어지냈습니다.왕상 17:3-5 하나님께서는 그릿 광야에 머물고 있던 엘리야에게 매일 까마귀를 통해 먹을 것을 가져다주셨습니다. 그런데 그릿 시내조차 말라버리자,왕상 17:7 하나님께서는 그를 사르밧Zarephath이라는 동네에 사는 과부에게로 보내셨습니다.왕상 17:9 마침 과부는 심해진 가뭄 속에서 가족과 함께 마지막 식사를 하고 운명을 하늘에 맡기려던 참이었습니다. 엘리야는 사르밧에서 과부를 만나 그에게 자기 양식을 구했습니다.왕상 17:10 과부는 그런 엘리야에게 자기 양식 전부를 베풀었습니다. 엘리야는 이후 과부의 집으로 가서 그 가족과 함께 마르지 않는 양식의 은혜로 가뭄의 막바지 위기를 넘겼습니다.왕상 17:11-15

사막의 교부들과 함께
묵상하기

『순례자의 길』*The Way of a Pilgrim, Magdalene Press*이라는 책에서 순례길을 나선 이름이 알려지지 않은 러시아 농부는 마을과 마을 사이 드넓은 시베리아의 들판을 어떻게 홀로 순례했는지 이야기합니다. "순례하는 길 위에서 홀로 지치고 힘들 때면 조용한 자리를 찾습니다. 자리에 앉아 머리를 숙이고, 눈을 감고, 부드럽게 숨을 내쉬며, 스스로의 마음을 바라봅니다. 그리고 이렇게 부드럽게 읊조립니다. '주 예수 그리스도시여, 저에게 자비를 베푸소서.' 조용히 인내심을 가지고 그 단순한 기도문을 꾸준히 반복합니다." 그는 그렇게 홀로 걷는 광야 길을 주님과 동행하는 은혜로운 순례길로 바꾸어 갔습니다.

함께 걷는 광야길에서 무엇보다 중요한 것은 하나님께서 베푸시는 일용할 양식의 은혜를 같이 누리는 것입니다. 하나님께서는 애굽을 벗어난 이스라엘 자손에게 매일 신실하게 일용할 양식을 베푸셨습니다.출 16:4 이후 하나님께서는 당신의 백성이 부름받은 광야의 길을 걸을 때 늘 동행하시며 그들의 일용할 양식을 책임져 주셨습니다. 엘리야가 그랬습니다. 그는 그릿에서 한번, 브엘세바의 광야로부터 호렙산까지 이르는 기간에 한 번, 하나님의 일용할 양식을 얻었습니다.왕상 19:5-8 그런데 사실, 광야의 길 일용할 양식은 하나님으로부터만 임하지 않습니다. 그것은 때로 그 길을 동행하는 이들의 믿음 가운데 임하기도 합니다. 엘리야가 만난 사르밧의 과부가 그렇습니다. 그녀는 자기 가족의 마지막 양식을 엘리야에게 베풀었고, 이후에는 엘리야에게서 그들의 일용할 양식을 얻었습니다. 우리가 걷는 광야의 길은 하나님께서 주시는 일용할 양식, 하나님이 선물로 주신 동행자들이 베푸는 일용할 양식으로 힘을 얻습니다.

광야의 기도

주님께서 광야길을 걷는 순례자들에게 은혜를 베푸셔서 지치지 않게 하시고, 굳건하게 주어진 길 걸을 수 있도록 힘주시기 위해 기도합시다.

너희가 먹을 것을 주라

마태복음 14장 16절

예수께서 이르시되 갈 것 없다 너희가 먹을 것을 주라

예수님은 사촌 요한이 헤롯에게 죽었다는 말을 듣고 한적한 곳으로 물러나셨습니다.마 14:13 예수님으로서는 자기만의 조용한 시간을 갖기를 원하셨던 것 같습니다. 그러나 사람들은 예수님에게서 위로를 바랐습니다. 그들은 결국 예수님을 찾아냈고 예수님께로 모여들었습니다. 예수님께서는 그렇게라도 모여든 사람들을 측은하게 여기시고 그들과 함께하셨습니다.마 14:14 그런데 시간이 많이 흘렀습니다. 해가 저물어 가고 있었습니다. 사람 없는 들판에서 그 많은 사람이 먹을 것을 구하고 쉴 곳을 구하기가 쉽지 않게 되었습니다. 제자들은 예수님께 어서 그들을 보내 각자 먹을 것과 쉴 곳을 해결하게 하자고 제안했습니다. 그런데 예수님의 대답이 뜻밖입니다. "그럴 것 없다. 너희가 먹을 것을 주어라." 예수님께서는 제자들이 모아온 보리떡 다섯 개와 물고기 두 마리를 '받으시고'take '축사'bless하시고 '떼어'break '나누어 주셨습니다.'give out, 마 14:19 예수님께서는 한적한 들판에서 천국의 잔치를 베풀어 주셨습니다.

26

사막의 교부들과 함께
묵상하기

|

기도굴이 밀집한 작은 골짜기에서 축제가 열
리게 되어 각자의 기도굴에서 기도하던 형제들이
한 장소에 모여 식사하고 있었습니다. 그런데 한
형제가 식탁을 차리고 음식을 나누어주는 형제에
게 말했습니다. "저는 익힌 음식은 먹지 않고 소
금만 조금 먹습니다." 그러자 식탁을 위해 봉사하
던 형제가 다른 형제에게 말했습니다. "이 형제는
익힌 음식은 먹지 않는답니다. 그러니 그냥 소금
만 조금 가져다주십시오." 골짜기 축제의 자리는
그 말에 잠시 고요해졌습니다. 그러자 그 골짜기
의 노인 기도자 가운데 한 사람이 말했습니다. "많
은 형제 앞에서 그것이 알려지게 하기보다는 당
신 수방에서 혼자 고기를 먹는 쪽이 더 좋았을 것
입니다."

하나님의 백성이 하늘 구원을 바라고 하나님의 임재와 동행을 바라는 자리에는 언제나 천국의 잔치가 벌어졌습니다. 하나님께서는 오래전 광야에서 이런 천국 잔치를 벌이신 적이 있습니다. 거기서는 애굽을 떠난 모든 이들이 하나님이 내려 주신 하늘 양식으로 감사하며 잔치를 벌였습니다.출 16:35 신 8:3,16 예수님께서도 그 일을 기억하시고 예수님을 따라 모인 사람들에게 하나님께서 주시는 식사로 천국 잔치를 베푸신 것입니다. 중요한 것은 그날 벳새다에서는 예수님의 역사 아래, 그리고 예수님 제자들의 헌신 아래, 그 자리에 모인 모두가 충분히 먹고 마시는 은혜를 누렸다는 것입니다. 광야의 길에서는 이렇게 예수님이 함께 하시는 공동 식사가 벌어집니다. 배고픔을 해결하기 위해 광야의 길을 벗어날 필요는 없습니다. 예수님과 함께 걷는 광야길에서는 걷던 여정에서 벌어지는 천국 잔치가 있습니다. 우리는 그저 동행하던 사람 누구도 빠짐없이 함께 앉아 예수님께서 주시는 양식을 누리기만 하면 됩니다.

광야의 기도

신실한 광야의 순례자들은 신앙공동체의 식사 자리에서 믿음의 길을 동행하는 모두에게 감동과 은혜의 자리가 되기를 위해 기도합시다.

함께 광야 교회에 있었고

사도행전 7장 38절

시내 산에서 말하던 그 천사와 우리 조상들과 함께
광야 교회에 있었고 또 살아 있는 말씀을 받아
우리에게 주던 자가 이 사람이라

스데반은 초대교회에서 세움받은 헬라인 집사 가운데 한 사람이었습니다. 원래 헬라인 그리스도인 가운데 어려운 이들을 돕는 일을 수행하기 위해 세움을 받았는데 이후 초대교회 내에서 중요한 지도자로 자리매김했습니다. 무엇보다 스데반은 예루살렘들에게 열심히 복음을 전했습니다. 그는 예루살렘 곳곳을 다니며 하나님의 복된 소식, 예수 그리스도의 십자가 은혜를 전했습니다. 사람들은 스데반이 전하는 이야기를 듣고 회개하며 예수님의 은혜 아래로 돌아왔습니다. 그러나 그들 가운데 일부는 스데반의 이야기를 듣기 싫어하는 사람들도 있었습니다. 어느 날은 예루살렘에 있는 '자유민의 회당'synagogues of freedmen, 구레네인, 알렉산드리아인, 길리기아와 아시아에서 온 사람들이 지은 회당, 행 6:9이 스데반에게 시비를 걸어왔습니다. 그리고 그가 열정으로 전하는 예수님의 이야기가 유대교의 성전 신앙을 모독한다는 명분으로 산헤드린에 스데반을 넘겼습니다. 그리고 성 밖으로 몰아내어 그를 처형해 버렸습니다.

27

사막의 교부들과 함께
묵상하기

스케테 인근의 한 동굴에서 홀로 기도하는 연로한 수도자 시소에스Sisoes에게 제자 아브라함이 말했습니다. "스승님, 연로하신데 이제 사람들이 있는 마을 가까이로 가시지요." 그러자 시소에스가 대답했습니다. "그것참 좋은 생각입니다. 그래요. 여자들이 없는 곳으로 갑시다." 그 말을 들은 아브라함이 말했습니다. "여자들이 없는 마을은 없습니다. 스승님." 그러자 시소에스가 웃으며 대답했습니다. "그러니까요. 나를 더욱 기도에 매진할 수 있는 광야로 데려가십시오."

스데반은 예수의 이름으로 죽임을 당한 최초의 순교자입니다. 그는 기소당해 불려간 종교 법정 산헤드린 앞에서 당당했습니다. 그는 '예루살렘 성전이 하나님이 임재하시는 곳'이라 굳건하게 믿고 그 신앙을 배반하는 이들을 배교자로 날카롭게 몰아세우는 사람들 앞에서, 하나님의 교회는 이미 오래전 '광야 교회'the congregation in the wilderness, 행 7:38라는 이름으로 들판에 존재했다고 말했습니다. 스데반은 애굽으로부터 구원받은 이스라엘 자손이 천사와, 그들의 지도자 모세와 더불어 광야에서 교회를 이루었고, 그렇게 그들은 교회를 이루어 함께 광야의 길을 걸었다고 이야기합니다. 오래전 하나님의 백성 공동체가 척박한 들판 광야에서 시작한 교회는 이후에도 여전히 광야길에서 계속됩니다. 교회는 예수의 이름으로 모인 이들이 천국을 향해 나아가는 순례 행진, 그 길 위에 있습니다. 어린양 예수님의 십자가 능력을 믿고 광야 같은 선교와 사역의 길을 걷는 이들과 함께하는 자리, 거기가 우리가 이룰 교회입니다.

광야의 기도

광야의 척박한 곳이라도 하나님의 음성을 들을 수 있다면 그 공동체는 주님의 참된 교회입니다. 우리 교회와 우리 신앙공동체가 진정한 광야 교회를 이루도록 더욱 기도합시다.

약하고 두려워 심히 떨었노라

고린도전서 2장 3절

내가 너희 가운데 거할 때에 약하고 두려워하고 심히 떨었노라

무시아의 드로아를 통해 마게도냐와 아가야로 선교의 지경을 확장
해 나아간 바울은 빌립보와 데살로니가. 드로아와 아덴 그리고 마지
막에 고린도로 선교의 여정을 이어갔습니다. 그러나 마게도냐와 아
가야에서의 선교 사역은 쉬운 일이 아니었습니다. 그는 빌립보에서
감옥에 갇혔고,행 16:21-25 데살로니가에서는 모함을 받아 쫓겨났으며,
행 17:5-9 그 유명한 도시 아덴에서는 아레오바고로 끌려가 거기서 자기
종교에 대한 변론을 벌인 후 하릴없이 도시로부터 밀려나고 말았습
니다.행 17:16-34 바울은 그 모든 삭막한 여정에서 '선교적 한기'를 경험
했습니다. 마지막에 홀로 도착한 고린도에서 바울은 마게도냐와 아
가야가 전해주는 '한기'를 느꼈습니다. 그는 거기서 심약해지고 두려
움을 느끼고 결국에 아프기까지 하는 위기를 경험했습니다. 바울은
훗날 에베소에서 고린도로 보낸 편지에서 그 시절의 아픔을 이렇게
표현했습니다. "내가 너희 가운데 거할 때에 약하고 두려워하고 심히
떨었노라."고전 2:3

28

사막의 교부들과 함께
묵상하기

몇몇 수도사들이 수도사 포이멘Poemen the Shepherd 에게 물었습니다. "토요일과 주일에 수도원에 모여 예배를 드리는데, 거기에 와서 조는 형제들이 있습니다. 그들을 깨워야 할까요?" 그러자 포이멘이 대답했습니다. "나는 조는 형제를 보면 내 무릎을 베고 자게 하겠습니다."

마게도냐와 아가야에서 바울은 그만의 선교적 광야길을 걸었습니다. 마게도냐 이후 아덴으로 내려가는 길에서 그는 완전히 혼자였습니다. 특히 아덴에서의 경험은 잊지 못할 것이었습니다. 한마디로 아덴은 결실 없는 허망한 수고였습니다. 결국 바울은 고린도에서 탈이 나고 말았습니다. 그는 육체적인 한계에 직면했고 견딜 수 없는 절망에 사로잡혔습니다. 무엇보다 그는 거기서 홀로된 외로움의 극단을 경험했습니다. 그와 함께하며 그들 돕던 실라와 디모데가 그와 같이 있지 않았기 때문입니다.행 17:14 그러나 하나님께서는 바울이 걷는 선교적 광야길을 외면하지 않으셨습니다. 하나님께서는 바울이 선교적 한기를 경험하던 고린도에서 바울과 마음을 함께하고 바울의 선교적 광야길을 동행할 중요한 두 사람을 보내셨습니다. 바로 브리스길라와 아굴라입니다.행 18:2-3 광야길에 무시로 끼어드는 돕는 손길과 동행은 지극히 성경적인 고백입니다. 홀로 걷는 광야길의 어려움이 극단적일 때 하나님께서는 당신의 사자들과 당신의 사람들을 보내셔서 우리의 연약해진 발걸음에 힘을 보태십니다.

광야의 기도

광야의 길에서 영적 시련을 겪는 형제를 보게 된다면 그를 위로해야 합니다. 내가 걷는 길도 힘들지만 그의 힘들었을 여정을 생각하며 그를 품을 마음을 달라고 기도합시다.

내게로 오라

디모데후서 4장 9절

너는 어서 속히 내게로 오라

바울의 선교 여정이 막바지에 치닫고 있습니다. 바울은 주후 62년경 로마에서 재판을 받고 풀려난 후, 서바나^{역사적 추정}와 그레데^{딛 1:5} 그리고 달마티아^{딤후 4:10} 등에서 복음을 전했습니다. 그리고 마지막에 로마로 갔다가 체포된 후 주후 66년경 로마 남쪽 외곽 아쿠아 살비에 언덕^{Aqua Salvie, 오늘의 트레폰타테}에서 참수당해 순교했습니다. 그는 참수당하기 전 누가의 도움을 받으며 작은 지하 감옥에 갇혀 있었습니다. 이때 바울은 우리가 옥중서신으로 알고 있는 편지들과 디모데 같은 이에게 보낸 편지를 남겼습니다. 특히 디모데서에서 사도로서 그리고 한 사람으로서 자신의 마지막 시간을 보내는 마음을 표현했습니다. 바울은 사랑하는 디모데에게 마가와 더불어 자기에게 와 줄 것을 요청했습니다.^{딤후 4:11} 지금 그에게 와 줄 수 있는 것은 이 두 사람이 전부였던 것 같습니다.^{딤후 4:10} 그는 이어서 디모데에게 오는 길에 드로아 가보의 집에 둔 겉옷과 그리고 가죽 종이에 쓴 책을 부탁하기도 했습니다.^{딤후 4:13}

29

사막의 교부들과 함께
묵상하기

|

이집트 스케테 수도원에서 임종을 앞둔 한 늙은 수도사의 침상 곁에 형제들이 둘러섰습니다. 형제들은 그에게 수의를 입히며 울었습니다. 그러자 죽어가던 수도사가 갑자기 눈을 뜨고 웃기 시작했습니다. 그는 한 번 웃고, 두 번 웃고, 그리고 세 번 웃었습니다. 형제들이 그것을 보고 물었습니다. "스승님, 저희는 울고 있는데 왜 웃으십니까?" 그러자 죽어가던 수도사가 이렇게 말했습니다. "내가 처음 웃은 것은 수도사인 여러분이 죽음을 두려워하고 있는 모습을 보아서입니다. 두 번째 웃은 것은 여러분이 죽음이라는 것에 대해 준비가 되어 있지 않다는 생각 때문입니다. 세 번째 웃은 것은 어쨌든 이 수고를 다 마치고 제가 여러분을 떠나 쉴 수 있게 되어서입니다." 그렇게 말하고 그는 웃는 얼굴로 세상을 떠났습니다.

한 인간으로서 바울은 한편으로는 확신으로, 다른 한편으로는 두려운 마음으로 마지막이 될 그 시간을 보내고 있었습니다. 그는 비록 감옥에 갇혀 있는 상황이었지만, 그의 선교적 비전의 길은 계속 이어지고 있었습니다. 그의 선교를 잇는 사역들이 디모데나 디도 혹은 빌레몬과 에바브라, 아굴라와 브리스길라 등을 통해 곳곳에서 계속 이어지고 있었기 때문입니다. 바울은 그것에 안도했습니다. 그러나 한편으로, 자신의 광야길 한쪽 작은 토굴에 들어앉아 외로움과 두려움과 싸우고 있습니다. 죽음 앞에 선 늙은 바울은 위대한 전도자의 모습을 잃지 않으면서도 자신의 연약함과 부족함, 아픔과 두려움을 여과 없이 자기 동료들에게 드러내고 있습니다. 광야의 길을 나아가는 순례자는 자기 연약함을 감추지 않습니다. 그는 그것을 동행하는 이들과 공동체에 드러내는 가운데 상처가 영광이 되고, 고난이 은혜 되는 길을 택합니다. 그것이 마지막 바울이 걸었던 광야길, 우리 역시도 걸어야 할 깊고 풍성한 광야길입니다.

광야의 기도

우리의 자만 가득한 광야길에서 만난 주님을 따라 평생 주님만을 위해 살아가기 위해 함께 기도합시다.

어린 양이 그들의 목자가 되사

요한계시록 7장 17절

이는 보좌 가운데에 계신 어린 양이 그들의 목자가 되사
생명수 샘으로 인도하시고 하나님께서 그들의 눈에서
모든 눈물을 씻어 주실 것임이라

밧모섬에서 노역 가운데 하나님의 미래를 환상으로 보고 기록하고 있던 요한은 어느 날 놀라운 장면을 경험하게 됩니다. 그는 종말의 하나님 나라가 시작되는 시점에 하나님께 '인침을 받은 이들'the sealed 의 숫자를 보고 놀랐습니다.계 7:4 그는 그렇게 많은 사람이 하나님의 인침을 받고 천국에 이를 줄 몰랐습니다. 이어진 장면은 그를 더욱 놀라게 했습니다. 요한의 표현으로 말하자면, "각 나라와 족속과 백성과 방언에서 아무도 능히 셀 수 없는 큰 무리가 나와" 서 있는 것입니다.계 7:9 그들은 한결같이 흰옷을 입고 종려나무 가지를 들고 어린 양 되신 예수님 앞에 서 있었습니다. 그들은 예수님을 바라보며 "구원하심이 보좌에 앉으신 우리 하나님과 어린 양에게 있도다"라고 목청껏 찬양하고 있었습니다.계 7:10 예수의 사도로 살다가 사로잡혀 노역 생활을 하는 요한으로서는 생각지 못한 모습이었습니다. 그는 자신 말고도 이렇게 많은 사람이 종말에 예수님 앞에 서게 되는 일에 큰 감동을 얻었습니다.

30

사막의 교부들과 함께
묵상하기

이집트 사람 마카리우스Macarius the Egyptian는 어느 날 더욱 기도
에 매진하기 위해 누구도 찾지 못할 사막 깊은 곳 동굴로 들어
갔습니다. 그는 거기 작은 동굴에서 닷새 동안 기도하며 천국
으로 올라가는 체험을 했습니다. 그는 천국으로 올라서면서 온
갖 선지자들과 위대한 신앙인들을 만나고, 천사들과 대천사들
을 보고 드디어 삼위 하나님을 보게 됩니다. 그러나 그 놀랍고
기쁜 환상도 잠시, 마카리우스는 그를 시험하고 그를 무너뜨리
려는 사탄과 마주합니다. 사탄은 그를 고통스럽게 하거나 혹은
그를 유혹해서 천국의 환상을 완성도 있게 정리하려는 그의
의도를 무너뜨리려 했습니다. 마카리우스는 결국 그가 본 천
국에 관한 생각을 온전히 정리해 내지 못합니다. 훗날 그는 이
렇게 고백했습니다. "그때 내가 사탄의 시험을 이기고 내가 본
천국에 대해 완벽하게 정리했다면 나는 천하에 교만한 사람이
되었을 것입니다."

요한이 믿기지 않아 의아해할 때 하늘의 장로가 그에게 물었습니다. "이 많은 사람이 다 누구이고 어디서 온 줄 아십니까?"계 7:13 그는 스스로 대답을 잇습니다. "이 사람들은 모두 '큰 환난에서 나오는 자들인데 어린 양의 피에 그 옷을 씻어 희게' 된 사람들입니다."계 7:14 요한은 믿기 힘든 것을 보았습니다. 당대의 멸시받고 감시당하며 핍박당하는 현실을 볼 때 이렇게 많은 사람이 종말의 하나님 나라에 서게 될 것을 상상하기는 어려운 일이었습니다. 바울은 엘리야 시대를 이야기하면서 엘리야가 결코 혼자가 아니었음을, 그의 주위에는 바알에게 무릎을 꿇지 않은 7천 명의 하나님의 사람들이 있었음을 증거했습니다.롬 11:2 오늘 우리의 하나님 나라를 향한 광야길 역시 우리 자신과 소수의 외로운 여정이 아닙니다. 우리와 믿음을 같이 하며 우리 길을 동행하는 사람들이 곳곳에서 하늘을 향해 걷고 있습니다. 그 수는 허다한 무리를 이루고 있습니다. 이 즐거운 생각이, 묵상이 오늘 우리 광야길에 힘이 됩니다.

광야의 기도

우리가 믿음으로 걷는 광야의 길 그 끝은 하나님의 나라입니다. 우리가 흔들림없이 하나님 나라에 도착해 우리 광야의 길을 마무리할 수 있도록 하나님께서 도우시기를 간구합시다.

Forty day Meditations for Spiritual Pilgrims

온전함을 향한 길

광야에 머무르리로다

시편 55편 7절

내가 멀리 날아가서 광야에 머무르리로다

다윗이 다스리던 시절은 '위기'에 덧칠을 한 태평성대였습니다. 사울의 잔존 세력과 유다 지파를 제외한 지파들의 준동은 끊임없는 걱정거리였습니다. 그가 함부로 취한 밧세바의 일족 헷 사람들 역시 다윗에게 좋은 감정을 갖지 않았습니다. 그뿐이 아니었습니다. 아들 압살롬은 상상하기 어려운, 보이지 않는 위협이었습니다. 그는 자기 이름으로 된 성에서 벌어지는 분열과 강포한 일들에 마음의 갈피를 잡지 못했습니다.시 55:9 그런데 어느 순간, 압살롬이라는 종기 하나가 터지자 다윗의 나라는 걷잡을 수 없는 분열로 치달았습니다. 다윗의 걱정은 두려움과 떨림 그리고 공포가 되어 그를 덮어버렸습니다.시 55:5 지금 그를 걷잡을 수 없는 난관으로 빠뜨리는 것은 원수들과 대적의 나라가 아니라 "동료요 친구요 가까운 친우들"이었습니다.시 55:13 그는 작금의 위태롭고 절망스러운 상황에서 벗어나 홀로 있는 평안의 시간을 간구했습니다. 그는 이렇게 노래합니다. "내가 멀리 날아가서 광야에 머무르리로다."시 55:7

31

사막의 교부들과 함께
묵상하기

사막의 기도자 대 마카리우스Macarius the Great가 스케티의 공동체 수도원에서 열린 집회를 마치고 형제들에게 말했습니다. "형제들이여, 피하십시오." 그러자 한 수도자가 물었습니다. "우리가 이 사막에서 어디로 더 피할 수 있습니까?" 그러자 마카리우스는 자기 입술을 가리키며 말했습니다. "이것을 피하십시오." 그리고는 자기 기도굴로 돌아가 문을 닫고 앉았습니다.

다윗의 시절은 모든 갈등과 분열이 봉합되어 진정한 태평성대가 시작된 시점이었습니다. 모두들 그렇게 생각했습니다.삼하 7:1 그러나 다윗의 왕권은 진정한 평안을 열지 못했습니다. 그의 통치는 여전히 근심을 낳았고, 갈등을 빚었으며, 혼란을 일으켰습니다. 그는 꾸준히 일어나는 '근심의 싹'을 근절하고 싶었으나 그렇게 하지 못했습니다. 결국 그는 자기 주변에서 끊임없이 불어대는 '폭풍과 광풍'을 피하고 싶었습니다.시 55:8 다윗은 평안을 추구했습니다. 그러나 그는 끝내 흔들렸고 하나님께 참된 평안을 구했습니다. 차라리 새가 되어 조용한 광야 어디론가 날아가고 싶었습니다. 우리시대 세상도 우리를 흔들어댑니다. 우리 역시 참으로 안전한 평안을 바랍니다. 그때 우리는 우리의 영적 광야가 우리를 평안하게 할 수 있음을 기억해야 합니다. 우리 광야의 하나님, 우리 광야의 교회, 우리 광야의 기도와 예배가 참 평안을 줄 수 있습니다. 광야에 머무르는 것은 우리가 온전하게 되어 참 평안을 누리게 되는 지름길입니다.

광야의 기도

광야는 우리가 모든 근심과 죄로부터 구원을 얻을 곳입니다. 주께서 우리를 각자의 광야 기도의 자리로 인도하시기를 간구합시다.

그들이 광야에 유리하였느니라

히브리서 11장 38절

(이런 사람은 세상이 감당하지 못하느니라)
그들이 광야와 산과 동굴과 토굴에 유리하였느니라

위대한 신앙인은 언제나 거류하는 길 위에 있었습니다. 노아는 하나님께서 명령하신 대로 방주를 짓고 길을 알 수 없는 바다 위를 표류했지만 믿음으로 그 길을 나아갔습니다.히 11:7 아브라함과 이삭과 야곱 역시 그 길의 끝을 온전히 볼 수 없었으나 믿음으로 사명의 길 위에 거류했습니다. 그리고 약속의 땅, "하나님이 계획하시고 지으실 터가 있는 성"을 향해 나아갔습니다.히 11:8-10 모세 또한 믿음으로 그 길을 걸었습니다. 그는 오직 한 분 하나님을 믿는 믿음 가운데 애굽의 왕궁에서, 홍해 위에서, 그리고 가나안을 향하는 광야길에서 굽힘 없이 주어진 사명을 완수하며 나아갔습니다.히 11:23-29 히브리서가 증거하는 신앙의 위대한 여행자들은 한결같이 이 길을 자기 능력과 지식이 아닌 하나님을 믿는 확신으로 걸어간 사람들입니다. 그들에게는 시련과 난관과 고통이 있었습니다. 그러나 그들은 주어진 길에서 내려서지 않았습니다. 그렇게 그들은 "세상이 감당하지 못하는" 사람들이 되었습니다.히 11:38

32

사막의 교부들과 함께
묵상하기

알렉산드리아의 훌륭한 고관들이 먼 사막에서 홀로 기도하는 아르세니우스Arsenius를 찾아왔습니다. 아르세니우스는 그들을 만나기를 꺼리며 기도굴의 문을 열어주지 않았습니다. 그래도 고관들이 아르세니우스를 만나기를 고집하자, 아르세니우스는 문을 반쯤 열고 이렇게 말했습니다. "아름다운 처녀가 아버지의 집에 사는 동안에는 뭇 사람들이 그녀를 만나 그녀의 얼굴을 보기 위해 문 앞에 서 있는 것이 합당하지만, 그녀가 결혼해 남편이 생겼다면 이제 그녀의 아름다움은 남편만의 것입니다. 그러니 뭇사람이 그녀 남편의 집 앞에 진을 치고 있는 것은 합당하지 않습니다." 고관들은 그 말을 듣고 바로 알렉산드리아로 돌아갔습니다.

"그들이 광야와 산과 동굴과 토굴에 유리하였느니라."히 11:38 히브리서 11장은 믿음의 삶을 살았던 사람들에 관한 탐구 후에 그들이 이 땅 위 지극한 현실을 걸어 다닌 사람들이었다고 증거하고 있습니다. 그들은 호화로운 치장으로 안락하게 업타운 거주지와 도심 광장 교회를 오간 사람들이 아닙니다. 그들은 광야와 산간의 동굴과 토굴에 비천하게 거류하면서도 믿음을 지키고 교회를 일군 하나님 백성이었습니다. 한 가지 기억할 것은, 그때나 지금이나 믿음의 사람들은 광야길을 방황하지 않습니다. 우리 믿음의 사람들은 오히려 천국으로 향하는 광야의 '한 길'을 걷는 사람들입니다. 이렇게 보면 우리의 광야길은 답 없는 '미궁'maze의 안갯길이 아니라 목적지가 확실한 '미로'laberinth를 탐색하는 길입니다. 신앙인은 여러 갈래의 혼란스러운 길을 가는 사람들이 아니라, 혜안이 필요한 하나로 이어지는 복잡한 길을 걷는 사람들입니다. 광야를 유리하는 신앙의 여정은 미로를 탐구하는 하늘 공부의 여정입니다.

광야의 기도

우리의 광야길이 목적을 상실한 방황이 아니라 방향이 분명한 여행이 되어야 합니다. 하나님의 영이 우리 가는 길을 인도하실 것을 위해 기도합시다.

너희 마음을 완고하게 하지 말라

히브리서 3장 8절

광야에서 시험하던 날에 거역하던 것 같이
너희 마음을 완고하게 하지 말라

오래전 이스라엘 자손은 하나님의 구원과 인도로 40여 년간 광야의 길을 걸었습니다. 그런데 그들은 온전한 믿음보다는 끊임없는 의심으로 그 길을 걸었습니다. 그들은 하나님께서 그들을 구원하실만한 분이었는지, 그들이 가나안으로 가는 길을 인도하실만한 분인지 의심했고 "증험"했습니다.히 3:9 한편으로 하나님께서는 그들의 의심과 불신에 아랑곳하지 않으시고 이스라엘을 약속하신 땅으로 인도하시는 신실한 사역을 이루셨습니다. 그러나 다른 한편으로 하나님께서는 출애굽 세대의 의심과 불순종을 징계하시고 심판하셔서 그들 가운데 대부분이 광야를 방황하며 생을 마감하게 하셨습니다.히 3:10-11 하나님께서는 이제 히브리서를 통해 당신의 사람들을 일깨우십니다. 하나님의 구원을 경험한 성도의 삶에 당연히 찾아오는 광야의 길을 걷고 거기서 거류하는 삶을 살아갈 때 "마음을 완고하게 하지 말라"는 것입니다.히 3:8 하나님의 구원에 감사하며 선택하여 나온 광야의 길을 온전히 이루라는 것입니다.

33

사막의 교부들과 함께
묵상하기

수도사 '난쟁이' 요한John the Dewarf는 광야로 들어
가 거기서 기도하는 한 늙은 수도사와 함께 살았
습니다. 그 늙은 수도사는 마른 나무 한 그루를 땅
에 심고 "이 나무가 열매를 맺을 때까지 날마다
한 양동이 물을 주게."라고 말했습니다. 그런데 요
한이 사는 곳에서 물이 있는 곳은 너무 멀었습니
다. 때문에 그는 하루 일과를 마치고 저녁에 물을
길으러 길을 나서면 다음 날 아침이 되어서야 기
도굴에 돌아오고는 했습니다. 그렇게 요한은 3년
의 세월을 보냈고, 그 사이 나무는 싹이 트고 열매
를 맺게 되었습니다. 늙은 수도사는 그 열매를 몇
개 따서 수도 공동체의 교회로 가져가 형제들에
게 말했습니다. "순종의 열매를 받아 드세요."

성경은 믿음의 길을 걷는 우리에게 바른 자세를 일깨웁니다. 시편은 여기 어울리는 기도를 가르칩니다. "하나님이여 나를 살피사 내 마음을 아시며 나를 살피사 내 뜻을 아옵소서 내게 무슨 악한 행위가 있나 보시고 나를 영원한 길로 인도하소서."시 139:23-24 중요한 것은 하나님의 창조와 구원 그리고 섭리에 어울리는 삶을 일구고, 그것을 지키기 위해 애쓰는 것입니다. 하나님을 믿는 믿음으로 종말의 종착지를 향해 차분히 나아가는 것이 중요합니다. 하나님께서 인도하시는 영적 광야의 길에서는 자기 힘만 의지해 무조건 걷는 일도 무지한 것이며, 힘들다 탓하며 나태하게 주저앉아 있기만 한 것도 바르지 않습니다. 그곳은 믿음 가운데 인내와 순종으로 하나님과 적절히 보조를 맞추는 일이 중요한 곳입니다. 광야는 우리 마음을 완고하게 하여 우리 방식을 앞세우지 않는 겸손이 절실한 곳입니다. 오직 순종할 때, 우리는 광야길의 끝, 그 종착지인 참된 안식의 자리에 도착할 수 있습니다.

광야의 기도

주께서 인도하시는 광야 신앙의 길을 오직 겸손과 순종으로 따르도록 기도합시다.

그 사람에게서 나오라

누가복음 8장 29절

이는 예수께서 이미 더러운 귀신을 명하사 그 사람에게서
나오라 하셨음이라 (귀신이 가끔 그 사람을 붙잡으므로
그를 쇠사슬과 고랑에 매어 지켰으되
그 맨 것을 끊고 귀신에게 몰려 광야로 나갔더라)

갈릴리 건너편 거라사라 불리는 땅에 한 사람이 있었습니다. 그는
거기서 '군대'Legion라고 불리는 귀신에게 사로잡혔습니다. 그리고 그
귀신에게 몰려 '광야'로 끌려 나갔습니다. 사람들은 귀신에게 사로잡
힌 그를 사슬에 묶어 두려 했지만 그를 사로잡은 귀신은 그에게 힘을
주어서 그 맨 것을 끊고 그를 광야로 몰아냈습니다. 그는 사람들이
없는 들판, 죽은 자들의 무덤만 즐비한 곳에서 지냈습니다. 그는 거기
서 여전히 그를 사로잡은 귀신에게 이끌려 거친 광인으로 살았습니
다. 한편, 예수님께서는 갈릴리 반대편에서 그를 보셨습니다. 예수님
께서는 제자들에게 "호수 건너편으로 가자"라고 말씀하시고,눅 8:22 들
판에서 귀신에게 사로잡힌 채 정처 없이 사는 그를 만나셨습니다. 그
리고 그를 힘 있는 귀신에게서 자유하게 하셨습니다. 그 안에 있던
귀신은 예수님께 "나와 무슨 상관이 있나이까"라며 항변했지만, 예
수님께서는 귀신이 그 사람에게 머무는 것을 허락하지 않으시고 귀
신을 그에게서 몰아내셨습니다.눅 8:29

사막의 교부들과 함께
묵상하기

늙은 안토니우스Antonius가 깊은 산에서 기도하고 있을 때 프론 토라는 젊은이가 그를 찾아왔습니다. 그 젊은이는 악마에 사로 잡혀 자기 스스로 자기 혀를 때리고 같은 방식으로 눈을 괴롭히고 있었습니다. 젊은이는 폭력적인 행동을 보이며 안토니우스에게 기도를 부탁했습니다. 안토니우스는 조용히 그에게 말했습니다. "집으로 돌아가라. 집에 도착하면 네가 나았다는 것을 알게 될 것이다." 그러나 젊은이는 계속 안토니우스 곁에 머물며 그를 괴롭혔습니다. 안토니우스는 다시 말했습니다. "집에 돌아가면 네가 나았다는 것을 알게 될 것이다. 주께서 너를 고치셨다." 그제야 젊은이는 집으로 돌아갔고 자신이 나았다는 것을 알게 되었습니다.

성경은 성령께서 우리를 광야로 몰아내시고, 거기서 하나님을 만나 하나님의 은혜와 섭리를 경험하게 한다고 말합니다.막 1:12 그러나 우리를 광야로 몰아내는 것은 성령만의 일이 아닙니다. 악령과 귀신 역시 우리를 광야로 몰아내 우리를 정처없이 떠돌게 하고, 방황하는 가운데 삶과 사명의 의지를 버리게 합니다. 우리의 광야는 어느 순간 하나님의 말씀을 들으며 순례하는 길이 아니라 악령과 귀신에게 사로잡혀 정처없이 방황하는 길이 됩니다. 광야길이 시험과 유혹과 마귀의 압제로 시달리고 있다면, 하나님의 질서 아래 온전한 순례의 여정이 되도록 삼위 하나님의 임재를 간구해야 합니다. 하나님께서 임재하시고 우리가 예배하는 광야길이 악한 영이 아니라 거룩한 영이 이끄시는 길이 되도록 기도해야 합니다. 우리 기도를 들으신 주님께서 거라사의 그 사람같이 우리에게도 오셔서 우리의 기도처, 우리가 사역하는 자리, 우리 광야에서 악한 귀신을 몰아내십니다. 우리의 광야길이 온전한 길이 되도록 하십니다.

광야의 기도

우리의 광야길이 사탄에게 사로잡힌 길이 되지 않도록, 우리 광야길이 온전히 성령의 인도하심에 의한 길이기를 위해 기도합시다.

누구든지 목마르거든

요한복음 7장 37절

명절 끝날 곧 큰 날에 예수께서 서서 외쳐 이르시되
누구든지 목마르거든 내게로 와서 마시라

　　유대인들의 큰 명절 초막절the Feast of Booths에 예수님께서 조용히 예
루살렘으로 올라가셨습니다.요 7:2 예수님께서는 성전에서 사람들에게
하나님의 일들과 당신이 하늘 하나님으로부터 온 존재임을 알리셨습
니다.요 7:28-29 그러자 제사장들과 바리새인들이 예수님을 찾았습니다.
그러나 예수님께서는 아직 당신이 잡혀 십자가에 죽을 때가 아니라
고 생각하셨습니다. 예수님께서는 초막절 축제 내내 성전 사람들을
피해 예루살렘 여기저기를 다니셨습니다. 그리고 드디어 초막절 축
제가 절정에 이르던 마지막 날, 사람들이 실로암과 성전 제단 사이를
오가며 한 해 물이 풍성하기를 기원하는 축제를 벌이던 "큰 날"에 예
수님께서는 예루살렘 사람들 앞에 다시 나타나셨습니다. 예수님께서
는 거기서 이렇게 말씀하셨습니다. "누구든지 목마르거든 내게로 와
서 마시라."요 7:37 예수님께서는 지금 생명을 살리는 물은 헤롯의 성전
제단이 아니라 예수님 당신에게서 흘러내린다고 선언하셨습니다.

사막의 교부들과 함께
묵상하기

안토니우스Antonius가 산에서 기도하고 있을 때
두 젊은 수도사가 그를 찾아오기 위해 길을 나섰
습니다. 그러나 길은 험했고 가는 길에 물은 부족
했습니다. 결국 한 수도사는 죽고 다른 수도사도
거의 죽을 지경이 되었습니다. 기도하던 안토니우
스는 옆에 있는 젊은 형제에게 "가죽부대에 물을
담아 사막으로 나가세요. 거기 이미 죽은 형제와
죽어가는 형제가 있습니다. 내가 기도중에 그들을
보았습니다." 젊은 형제는 안토니우스의 말대로
물을 가지고 사막으로 갔습니다. 그리고 거기서
안토니우스의 말대로 두 사람을 보았습니다. 그는
한 사람을 묻어주고 다른 한 사람에게 물을 마시
게 한 후 함께 안토니우스에게 돌아왔습니다.

하나님께서는 오래전 이스라엘이 출애굽 했을 때 그들에게 광야 길 생존에 중요한 물을 직접 공급해 주셨습니다.출 17:6, 민 20:8 하나님께서는 그렇게 당신의 백성 이스라엘의 몸과 마음과 영혼 모두를 위한 생수의 근원이셨습니다.렘 2:13 하나님께서는 이후 말씀을 통해 당신의 마르지 않는 생수가 예루살렘 성전에서 흘러 당신의 백성과 세상 모든 피조물을 적시고 풍족하게 할 것이라고 선언하셨습니다.겔 47:1~12, 슥 14:8 요한복음에서 예수님께서는 생명의 물을 공급하시는 하나님의 사역을 이어가십니다. 예수님께서는 스스로를 예루살렘 성전과 같은 하나님의 은혜와 사랑의 '임재소'로 드러내시고, 세상 모든 목마른 사람들, 갈급한 영혼에게 생명의 물을 제공하십니다. 오늘도 예수님께서는 광야길을 걷는 우리에게 말씀하십니다. "(광야길에서) 누구든지 목마르거든 내게로 와서 마시라"요 7:37 예수님께서는 오늘 우리가 영적 광야길에서 느끼는 갈증을 위해 당신의 생수를 베푸십니다.

광야의 기도

우리 영혼이 갈급하여 생명의 물을 찾고 있습니다. 어서 주님의 임재를 구하고 그분이 베푸시는 생명의 물을 마실 수 있기를 간구합시다.

나는 세상의 빛이니

요한복음 8장 12절

예수께서 또 말씀하여 이르시되 나는 세상의 빛이니
나를 따르는 자는 어둠에 다니지 아니하고 생명의 빛을 얻으리라

    예수님께서는 생명의 물을 공급하시는 은혜를 선포하시고 다시 예루살렘 성전에서 사람들에게 가르치고 하나님 나라를 선포하셨습니다.요 8:2 그때 사람들이 간음한 여인 하나를 데리고 예수님께 왔습니다. 예수님께서는 그들에게 "너희 중에 죄 없는 자가 먼저 돌로 치라"는 간명한 말씀으로 사람들의 악한 마음을 잠재우시고, 어둠 가운데 고통받는 여인을 구원하셨습니다.요 8:4-11 그리고 예수님께서는 다시 말씀을 가르치시는 자리로 돌아가 세상 속 당신의 위치에 대해 선포하셨습니다. 예수님께서는 이렇게 말씀하셨습니다. "나는 세상의 빛이니 나를 따르는 자는 어둠에 다니지 아니하고 생명의 빛을 얻으리라"요 8:12 예수님의 말씀은 명백했습니다. 스스로를 생명의 물 공급자로 표현하신 요한복음 7장의 이야기를 이어가신 것입니다. 예수님께서는 초막절 빛의 축제에서 동쪽 새벽하늘로 임재하시는 빛의 하나님을 대망하는 사람들에게 당신이야말로 하나님의 거룩한 빛의 임재임을 스스로 밝히셨습니다.

36

사막의 교부들과 함께
묵상하기

|

이단자 아리우스를 지지하는 사람들이 사막의 안토니우스Antonius가 자기들 편이라고 주장한다는 소리를 듣자 안토니우스는 주저 없이 산에서 내려와 사람들 앞에 섰습니다. 그리고 '모두 함께 이단자 아리우스가 아닌 정통한 신앙the orthodox faith 가운데 설 것'을 요청했습니다. 안토니우스의 연설이 끝나자 수많은 사람이 그 앞에 나왔습니다. 그는 그 모든 사람에게 다시 한번 예수 그리스도에 대한 진중한 신앙을 전했습니다. 그러자 병자들이 나았고, 귀신에 들린 사람들이 해방되었으며, 특별히 이단 신앙에 빠졌던 사람들이 그가 전하는 온전한 빛 가운데로 다시 돌아왔습니다.

빛 되신 예수님의 모습은 오래전 출애굽 시절 광야 가운데 하나님의 '거룩한 동행'_shekinah, the holy dwelling_을 떠올리게 합니다. 하나님께서는 그때 구름기둥과 불기둥으로 이스라엘 자손 가운데 나타나셔서 그들의 사막 길을 인도하셨습니다.출 13;21~22 중요한 것은 하나님께서 그 구름 기둥과 불기둥으로 백성을 깨우치시거나 계몽하신 것이 아니라는 것입니다. 하나님께서는 구름 기둥과 불기둥으로 당신의 백성과 함께하시며, 당신의 백성을 보호하시고 인도하셨습니다. 이런 면에서 예수님의 선언은 우리 광야길에 깊은 의미를 줍니다. 예수님의 빛 되심 역시 '계몽'과 '깨달음'보다는 '따름'을 목적으로 한다는 것입니다.요 8:12 오늘 주 예수님께서는 우리를 앞서가시며, 우리 길에 포진하고 있는 모든 어둡고 악한 것을 사라지게 하시고 우리의 광야길이 빛의 여정이 되도록 하십니다. 빛 되신 주님을 만나고 알게 되었으나 따르지 않으면 의미가 없습니다. 우리는 광야의 길에서 만난 예수님을 좇아가야 합니다.

광야의 기도

주님께서 우리 광야길을 걷는 순례자들에게 은혜의 빛을 베푸셔서 굳건하게 바른 길 걸을 수 있도록 힘주시기 위해 기도합시다.

나는 생명의 떡이니

요한복음 6장 35절

예수께서 이르시되 나는 생명의 떡이니
내게 오는 자는 결코 주리지 아니할 터이요
나를 믿는 자는 영원히 목마르지 아니하리라

예수님께서는 갈릴리 한쪽 들판에서 한 아이가 가져온 "보리떡 다섯 개와 물고기 두 마리"로 남자들의 숫자만 오천 명이나 되는 사람들을 먹이셨습니다.요 6:9-12 그날 예수님이 주신 떡을 먹은 사람들은 예수님 기적의 의미가 궁금했습니다. 그래서 가버나움으로 앞서가신 예수님을 따라와 의미를 물었습니다. 그때 예수님께서는 육신의 배부름보다 영적인 배부름을 가르치셨습니다. 그리고 그 양식은 예수님 자신이 주실 수 있다고 하셨습니다.요 6:27 그리고 사람들에게 영생에 이르게 하는 영의 양식은 바로 "하나님의 떡"이라고 선언하셨습니다.요 6:33 그러자 사람들은 벳새다에서 벌인 기적처럼 "항상" 양식을 달라고 했습니다.요 6:34 그러자 예수님께서는 이렇게 말씀하셨습니다. "나는 생명의 떡이니 내게 오는 자는 결코 주리지 아니할 터이요 나를 믿는 자는 영원히 목마르지 아니하리라."요 6:35 예수님께서 스스로를 떡으로 내어주시는 것을 먹으며 결코 주리지도 목마르지도 않으리라는 것입니다.

37

사막의 교부들과 함께 묵상하기

산에서 기도하던 안토니우스Antonius는 그를 보고 그의 말을 듣기 위해 온 사람들을 위해 기도굴을 나왔습니다. 그리고 그들에게 자기 안에 있는 참된 것을 말했습니다. "여러분, 예수 그리스도를 믿으십시오. 그분을 사랑하십시오. 온갖 더러운 생각과 육체의 욕망에서 자기를 지키십시오. 그리고 잠언이 말하는 것처럼 육신의 배를 채우기 위해 애쓰지 마십시오.잠 24:16 자기 자랑을 멀리하고 기도에 전념하십시오." 그는 곧 기도굴로 들어가 앉았습니다.

예수님께서는 스스로 생명의 떡이 되시어, 하나님께서 당신의 백성을 직접 먹여 살리신다는 출애굽의 오랜 주제를 한 단계 더 높이 끌어올리셨습니다. 그러나 예수님의 이 초점 맞추기가 전혀 새로운 것은 아닙니다. '그 백성을 살리는 하나님의 말씀'은 성경의 오랜 주제입니다. 여호수아는 하나님의 말씀을 주야로 묵상하는 일이 인생을 온전하게 하리라고 고백합니다.수 1:8 시편은 "주의 말씀이 나를 살리셨다"라고 고백하며,시 119:50 "주의 말씀이 꿀보다 더 달다"라고 고백합니다.시 119:103 이제 예수님께서는 성경의 이 오랜 지혜를 되새기시며, 스스로를 구원과 영생을 위한 하나님의 양식 자체라고 선언하셨습니다. 오늘 우리 광야길에서 예수님과 예수님의 말씀은 우리 생존의 양식이십니다. 우리는 예수님을 통해 힘을 얻어 하나님 나라를 향한 신앙의 여정을 계속합니다. 우리를 하나님 나라로 인도하는 참된 양식, 생명의 떡 되신 예수님을 먹고 마실 때 우리 광야길의 사명은 온전히 성취됩니다.

광야의 기도

광야의 길을 걸으며 우리에게 필요한 것은 영의 양식, 주님의 말씀입니다. 주님의 말씀이 우리 귀와 우리 입에서 떠나지 않도록 기도합시다.

인자도 들려야 하리니

요한복음 3장 14~15절

모세가 광야에서 뱀을 든 것 같이 인자도 들려야 하리니
이는 그를 믿는 자마다 영생을 얻게 하려 하심이니라

높은 지위에 있는 유대인 니고데모가 예수님을 찾아왔습니다. 그는 예수님께서 보이신 여러 가지 일들과 가르침들이 하나님에게서 온 것임을 확신한다고 말했습니다.요 3:2 그러자 예수님께서는 "진실로 진실로 네게 이르노니 사람이 거듭나지 아니하면 하나님의 나라를 볼 수 없느니라"라고 말씀하시며 영생을 위해 거듭날 것을 말씀하셨습니다.요 3:3 이제 니고데모가 예수님의 말씀에 더욱 가까이 다가서자 예수님께서는 그에게 당신의 일들을 가르치셨습니다. 예수님께서는 세상에 대한 하나님의 사랑과 독생자를 주심 그리고 그를 믿는 이들에게 주어지는 영생의 길을 비교적 명료하게 설명하셨습니다.요 3:16 그러면서 예수님께서는 당신이 모세의 광야 구리 뱀처럼 당신도 십자가에 "들리는" 사건을 통해 이 모든 믿음과 구원의 일들이 온전하게 이루어질 것을 말씀하셨습니다.요 3:14-15 십자가에 들린 예수님을 보고 회개하며 믿는 사람에게 구원이 온전히 성취되리라는 것입니다.

38

사막의 교부들과 함께
묵상하기

니트리아의 기도자 팜보Pambo는 늘 이렇게 기도
했습니다. "하나님, 나를 영화롭게 하지 마시고 나
를 가난함으로 가려주시옵소서." 그러자 하나님
께서는 그의 기도대로 그를 세상 누구보다 가난
한 모습으로 살게 하셨습니다. 그런데 사람들은
그의 비천함에서 빛을 보았습니다. 사람들은 비천
한 그에게서 드러나는 빛나는 영광에 그를 똑바
로 볼 수가 없었습니다.

성경은 나무에 달리는 것이 하나님의 저주를 받은 것이라고 말합니다.신 21:22-23 그런데 그 저주스러운 일이 어느 순간 구원을 이루는 길이 되었습니다. 예수님께서 친히 나무에 달려 죽으심으로 구원을 이룬 것입니다. 예수님께서는 당신의 십자가에 달리심이 오래전 모세가 보인 광야의 구리 뱀과 같이 사람들과 세상을 구원에 이르게 하리라 말씀하셨습니다.요 3:14-15 사도들은 이 말씀의 의미를 누구보다 잘 알았습니다. 그래서 바울은 예수님 스스로 "저주받은 바 되사 율법의 저주에서 우리를 속량하셨다"라고 말합니다.갈 3:13 베드로 역시 예수님이 "친히 나무에 달려 그 몸으로 우리 죄를 담당하셔서" 우리를 구원하셨다고 말합니다.벧전 2:24 예수님에 의해 저주의 방법은 어느새 은혜의 방법이 되었습니다. 광야길에서 우리에게 푯대가 되는 것은 십자가 나무에 달려 죽으신 예수님입니다. 그러니 십자가 예수를 따르며 광야길을 걸을 때 우리의 구원도 온전히 성취됩니다.

광야의 기도

사람들이 저주하고 천하게 여기는 십자가는 우리 광야길을 온전히 인도하는 구원의 이정표입니다. 비천한 십자가가 우리를 구원하는 진리임을 믿고 따르기 위해 간절히 기도합시다.

해골이라 하는 곳에 나가시니

요한복음 19장 17절

그들이 예수를 맡으매 예수께서 자기의 십자가를 지시고
해골(히브리 말로 골고다)이라 하는 곳에 나가시니

예수님께서 겟세마네에서 기도하시다가 체포되어 대제사장 가야
바의 종교 법정에서 '신성 모독과 반란죄'가 입혀진 후 로마 총독의
법정에 넘겨졌습니다. 로마 법정은 예수님의 죄목을 끌어내지 못했
습니다. 결국 예수님께서는 군중의 힘에 못 이긴 빌라도에 의해 로마
군인에게 넘겨지고 십자가에 달리게 되었습니다. 예수님께서는 자신
이 처형당할 십자가를 지고 '해골'이라고 불리는 처형장으로 끌려가
셨습니다.요 19:17, 마 27:33, 막 15:22 '해골'skull 즉, '골고다'Golgotha라고 불리던
그곳은 예루살렘에 사는 사람들 가운데 일부가 묘지로 사용하는 곳
이었습니다. 그리고 예루살렘 도시로 드나드는 사람들이 많이 지나
다니는 곳이었습니다.마 27:39, 막 15:29 예수님께서 십자가에 달리신 곳은
저주받은 사람들의 자리, 유대인뿐 아니라 모든 사람이 가까이하기
를 꺼리는 곳이었습니다. 예수님의 십자가는 그런 추한 곳에 자리했
습니다. 예수님께서는 거기서 지나다니던 사람들에게 저주와 조롱을
받으며 죽으셨습니다.

39

사막의 교부들과 함께
묵상하기

한 수도사가 깊은 기도 끝에 형제에게 이렇게 말했습니다. "꿀벌이 어디가든 달콤한 꿀을 만들 듯 수도사는 어디서라도 하나님의 말씀대로 행하는 가운데 착한 일의 영적 감미로움을 끌어낼 수 있습니다."

로마의 황제들은 보다 많은 사람이 십자가 처형의 참혹함을 보아야 한다고 생각해 "도시 성벽의 볼거리"a spectacle of the city wall로 삼았습니다. 예수님의 십자가 처형도 유월절 예루살렘 성벽의 볼거리였습니다. 예루살렘 거민들 뿐 아니라 유월절에 예루살렘에 오가는 많은 사람이 고통과 조롱과 저주 속에 죽어가는 골고다의 예수님을 보았습니다. 그러나 그것은 예수님께서도 바라던 일이었습니다. 예수님께서는 자신이 유월절 희생양으로 내몰려 죽는 것을 더욱 많은 사람이 보게 되기를, 그래서 믿게 되기를 바라셨습니다. 예수님께서는 사람들이 멀리하게 되는 곳 '골고다'를 취하셔서 거기서 들림을 받으시고 그곳을 가장 '영광된 곳'이 되게 하셨습니다. 그래서, 영문 밖 들판, 그 광야 한복판에 있는 골고다는 더는 저주와 조롱의 자리가 아닙니다. 골고다와 거기 십자가는 우리의 광야길을 목적 없는 방랑의 여정에서 빛을 향한 순례 여정으로 변화시키는 관문입니다.

광야의 기도

골고다를 구원의 관문으로 여기며 그곳을 저주나 조롱이 아닌 찬양과 감사로 넘어서는 우리가 되기를 위해 기도합시다.

아직 어두울 때에

요한복음 20장 1절

안식 후 첫날 일찍이 아직 어두울 때에
막달라 마리아가 무덤에 와서 돌이 무덤에서 옮겨진 것을 보고

예수님께서 돌아가셨습니다.요 19:30 예수님의 죽음을 주도했던 사람들은 예수님의 '신속한 죽음'을 보고 허망한 마음으로 발길을 돌렸습니다. "구경하러 모인 무리도 그 된 일을 보고 다 가슴을 치며" 흩어졌습니다.눅 23:48 예수님의 죽음은 쓸쓸했습니다. 로마의 백부장 만이 홀로 서서 그 죽음의 의로움을 말했습니다.눅 23:47 예수님의 장례는 묘한 앙금을 남기며 서둘러 치러졌습니다. 유월절과 안식일의 분요한 틈에서 세상은 예수님을 잊었습니다. 그렇게 빛이 사라지고 세상이 사탄의 흐뭇한 미소 아래 "아직 어두울 때에", 예수님의 사람들 가운데 막달라 마리아가 예수님 계신 무덤으로 왔습니다.요 20:1 그녀의 마음도 세상처럼 "아직 어두울 때"였습니다. 그녀는 사실 칠흑 같은 어두움을 경험하고 있습니다. 지형도 형체도 알 수 없이 캄캄함, 죽은 자이건 산자이건 누구도 분별할 수 없는 어두움이었습니다. 그 어둠 속에서 그녀는 골고다에서 죽으신 예수님, 그녀가 빛으로 여기며 따르던 예수님을 찾아왔습니다.

40

사막의 교부들과 함께
묵상하기

사막의 기도자 아르세니우스Arsenius는 늘 해가
지는 방향을 등지고 서서 저녁 기도를 시작했습
니다. 그는 밤새워 기도하며 자세와 방향을 바꾸
지 않고 그 자리를 지켰습니다. 그리고 자기 앞에
떠오르는 태양을 정면으로 맞이하며 감사의 미소
가운데 기도를 마쳤습니다.

마리아가 무덤에 도착했을 때 본 것은 "돌이 무덤에서 옮겨진 것"이었습니다.요 20:1 순간 그녀의 마음에는 새벽 미명의 희미한 빛이 들어왔습니다. 이어서 그녀가 무덤 안을 들여다보고 거기서 흰 옷 입은 두 천사를 보게 되었을 때,요 20:11-12 그녀에게는 동틀녘의 어스름한 빛이 비치기 시작했습니다. 드디어, 그녀가 어두운 무덤 안이 아닌 무덤 밖 세상을 돌아보았을 때, 그리고 거기 서 있는 예수님이 자기의 이름을 부르는 것을 들었을 때,요 20:16 그녀는 온전한 빛이 지배하는 새로운 세상을 경험하게 되었습니다. 안식 후 첫날 새벽, 마리아는 온전히 어둠에서 빠져나와 완전한 빛 가운데로 들어서는 길을 경험했습니다. 도저히 빠져나올 수 없을 것 같은 '아골 골짜기' 어두운 길에서 그 길을 환히 비추는 부활의 소망, 그 빛을 본 것입니다.호 2:15 때로 우리가 걷는 믿음의 광야길은 완벽한 어둠에 휩싸일 수 있습니다. 그러나 부활하신 예수님께서 그 길로 오신다면, 우리는 곧 어둠이 안내하는 여정이 아니라, 빛이 안내하는 여정으로 바뀌는 놀라운 경험을 하게 될 것입니다.

광야의 기도

믿음의 광야길을 걸어갈 때 희망을 내려놓지 않도록 기도합시다. 부활하신 주님께서 우리에게 다가오시는 아침까지 어두운 밤길을 믿음으로 걸을 수 있도록 힘을 달라고 기도합시다.

Forty day Meditations for Spiritual Pilgrims

Epilogue

부활절 아침
와서 조반을 먹으라 하시니

요한복음 21장 12절

예수께서 이르시되 와서 조반을 먹으라 하시니
제자들이 주님이신 줄 아는 고로 당신이
누구냐 감히 묻는 자가 없더라

부활하신 예수님을 만난 제자들 가운데 몇몇이 갈릴리로 갔습니다.요 21:1 베드로를 비롯한 일곱 명의 제자들이었습니다.요 21:2 그들은 거기서 예수님의 제자로서 무언가를 하려 했습니다. 그러나 뜻대로 되지 않았습니다. 그들은 그들이 원래 하던 일, 물고기 잡는 일에서조차 실패했습니다.요 21:3 그때 부활하신 예수님께서 그들에게 나타나셔서 말씀하셨습니다. "그물을 배 오른편에 던지라 그리하면 잡으리라."요 21:6 얻는 것 없이 수고만 늘어놓던 제자들은 그렇게 예수님의 등장과 더불어 소득과 결실을 얻게 되었습니다.요 21:6,11 흥미로운 것은 예수님입니다. 예수님께서는 제자들이 잡은 물고기와 당신이 준비하신 떡으로 아침 식사를 준비하셨습니다. 그리고 밤새 수고한 제자들에게 와서 함께 식사하기를 권하셨습니다. 예수님께서는 제자들에게 하던 일을 그만하고 쉼의 자리로 나오도록 하셨습니다. 거기서 예수님과 함께 떡을 먹으며 예수님께서 베푸시는 은혜 아래 더욱 온전해지기를 원하셨습니다.

Epilogue
사막의 교부들과 함께 묵상하기

　사막의 동굴에서 오래 기도한 한 늙은 기도자가 이렇게 말했습니다. "우리가 자리 잡고 앉아 말씀을 읽고 기도하는데 그 자리에서 결실하지 못한다면, 결국 그 자리가 우리를 몰아낼 것입니다. 열매 맺는 기도 생활을 위해 무엇보다 우리 주 예수님의 도움을 간구하십시오. 그 분께서 성령을 보내셔서 우리와 함께하시며 우리의 기도에 결실이 있게 하실 것입니다. 기도하는 것은 우리이나 결실하는 것은 그분입니다."

부활하신 예수님께서는 제자들과 함께하기로 하셨습니다.마 28:20 부활하신 예수님께서 갈릴리에 오신 것이 그랬습니다. 예수님의 갈릴리 해변 아침상은 이런 면에서 광야길에 지친 이스라엘을 향한 하나님의 사랑을 떠올리게 하고,신 8:3 도피생활에 지친 다윗에게 쥐어진 진설병이 생각나게 합니다.삼상 21:6 엘리야에게 제공된 사십 주야 먹을 것 역시 같은 의미로 이해할 수 있습니다.왕상 19:5 예수님께서는 갈릴리 해변에서 제자들이 십자가 사랑과 온전하게 하는 부활의 능력 아래 쉬며, 채우고, 누리고, 그리고 강건하게 되기를 원하셨습니다. 그리고 예수님의 십자가 길을 따라 사역에서 결실하기를 바라셨습니다. 베드로에게 원하신 것이 바로 그것이었습니다.요 21:15-19 예수님의 "와서 조반을 먹으라"라는 말씀은 오늘 우리에게도 깊은 의미를 갖습니다. 부활하신 예수님께서는 우리가 걷는 광야길에 동행하며 힘이 되기를 바라십니다. 그렇게 예수님과 동행하는 그 길 끝에서 기쁨으로 결실하며 함께 기뻐하기를 원하십니다.

부활의 기도

주님의 부활이 우리에게 새로운 힘이 될 것입니다. 우리에게 주어진 광야의 길이 힘되시는 주님과 더불어 결실하는 길이 되도록 기도합시다.

광야의 길 묵상을 위해 참고할만한 도서들

『마카리우스의 신령한 설교』, 위-마카리우스, 최대형 역, 은성, 2015.

『사막교부들의 세계』, 사막 교부들, 엄성옥 역, 은성, 2018.

『사막교부들의 금언』, 사막 교부들, 엄성옥 역, 은성, 2017.

『사막교부들의 지혜』, 사막 교부들, 엄성옥 역, 은성, 2015.

『사막의 지혜』, 로완 윌리엄스, 민경찬, 이민희 역, 비아, 2019.

『토마스 머튼이 길어낸 사막의 지혜』, 토마스 머튼, 안소근 역, 바오로딸, 2011.

The Fathers Speak, Ancient Greek Edition, Trans. by Georges Barrois,
        St. Vladimir Press, 1986.

Letters from the Desert, Barsanuphius & John, trans. John Chryssavgis,
        St. Vladimir Press, 2003.

The Life of Anthony, Athanasius, Trans. by Tim Vivian,
        Liturgical Press, 2003.

Four Desert Fathers, the Desert Fathers, Trans. & Ed., Tim Vivian,
        St. Vladimir Press, 2004.